요즘 어린이 고사성어

글 강지혜 | 그림 유영근

펴낸날 2022년 6월 22일 초판 1쇄, 2023년 4월 5일 초판 3쇄
펴낸이 김상수 | **기획·편집** 이성령, 권정화, 전다은 | **디자인** 문정선, 조은영 | **영업·마케팅** 황형석, 임혜은
펴낸곳 루크하우스 | **주소** 서울시 서초구 사임당로 50 해양빌딩 504호
전화 02)468-5057 | **팩스** 02)468-5051 | **출판등록** 2010년 12월 15일 제2020-203호
www.lukhouse.com cafe.naver.com/lukhouse

© 강지혜, (주)루크하우스 2022
저작권자의 동의 없이 무단 복제 및 전재를 금합니다.

ISBN 979-11-5568-531-0 74700
ISBN 979-11-5568-515-0 (세트)

※ 잘못된 책은 구입처에서 바꾸어 드립니다.
※ 값은 뒤표지에 있습니다.

상상의집은 (주)루크하우스의 아동출판 브랜드입니다.

차례

등장인물 · 8
인물 관계도 · · · · · · · · · · · · · · · · · · 9

프롤로그
수상한 전학생 · · · · · · · · · · · · · · · 10

| 01 | 과유불급(過猶不及) · · · · · · · · · · 14
| 02 | 이심전심(以心傳心) · · · · · · · · · · 16
| 03 | 백전백승(百戰百勝) · · · · · · · · · · 18
| 04 | 다다익선(多多益善) · · · · · · · · · · 20
| 05 | 동상이몽(同牀異夢) · · · · · · · · · · 22
| 06 | 전전긍긍(戰戰兢兢) · · · · · · · · · · 24
| 07 | 자포자기(自暴自棄) · · · · · · · · · · 26
| 08 | 역지사지(易地思之) · · · · · · · · · · 28
| 09 | 파죽지세(破竹之勢) · · · · · · · · · · 30
| 10 | 승승장구(乘勝長驅) · · · · · · · · · · 30
| 11 | 안하무인(眼下無人) · · · · · · · · · · 32
| 12 | 자화자찬(自畫自讚) · · · · · · · · · · 34
| 13 | 유언비어(流言蜚語) · · · · · · · · · · 36
| 14 | 호시탐탐(虎視眈眈) · · · · · · · · · · 38

| 15 | 학수고대(鶴首苦待) · · · · · · · · · · 40
| 16 | 설상가상(雪上加霜) · · · · · · · · · · 42
| 17 | 우이독경(牛耳讀經) · · · · · · · · · · 44
| 18 | 문전성시(門前成市) · · · · · · · · · · 46
| 19 | 지음(知音) · · · · · · · · · · · · · · · · · · 48
| 20 | 관포지교(管鮑之交) · · · · · · · · · · 48

고사성어왕 Lv.1
건오를 부탁해! · · · · · · · · · · · · · · · 50

| 21 | 경거망동(輕擧妄動) · · · · · · · · · · 52
| 22 | 노심초사(勞心焦思) · · · · · · · · · · 54
| 23 | 백문불여일견(百聞不如一見) · · 56
| 24 | 횡설수설(橫說竪說) · · · · · · · · · · 58
| 25 | 오매불망(寤寐不忘) · · · · · · · · · · 60
| 26 | 모순(矛盾) · · · · · · · · · · · · · · · · · · 62

27	자가당착(自家撞着) ········· 62
28	청천벽력(靑天霹靂) ········· 64
29	작심삼일(作心三日) ········· 66
30	견물생심(見物生心) ········· 68
31	막상막하(莫上莫下) ········· 70
32	환골탈태(換骨奪胎) ········· 72
33	오월동주(吳越同舟) ········· 74
34	죽마고우(竹馬故友) ········· 76
35	동병상련(同病相憐) ········· 78
36	오십보백보(五十步百步) ······ 80
37	유구무언(有口無言) ········· 82
38	개과천선(改過遷善) ········· 84
39	금상첨화(錦上添花) ········· 86
40	고진감래(苦盡甘來) ········· 88

고사성어왕 Lv.2
어린이의 매운맛을 보여 주마! ····· 90

41	오비삼척(吾鼻三尺) ········· 92
42	이열치열(以熱治熱) ········· 94
43	일사천리(一瀉千里) ········· 96
44	괄목상대(刮目相對) ········· 98
45	선견지명(先見之明) ········ 100
46	침소봉대(針小棒大) ········ 102
47	주객전도(主客顚倒) ········ 104
48	명약관화(明若觀火) ········ 106
49	명명백백(明明白白) ········ 106
50	청출어람(靑出於藍) ········ 108
51	다재다능(多才多能) ········ 110
52	동분서주(東奔西走) ········ 112

53	무념무상(無念無想) ·········· 114
54	상부상조(相扶相助) ·········· 116
55	의기양양(意氣揚揚) ·········· 118
56	야단법석(惹端법석) ·········· 120
57	박학다식(博學多識) ·········· 122
58	함흥차사(咸興差使) ·········· 124
59	호가호위(狐假虎威) ·········· 126
60	다정다감(多情多感) ·········· 128

고사성어왕 Lv.3
어쩌다 마주친 전학생 ① ·········· 130

61	삼고초려(三顧草廬) ·········· 132
62	난공불락(難攻不落) ·········· 134
63	속전속결(速戰速決) ·········· 136
64	오합지졸(烏合之卒) ·········· 138
65	일거양득(一擧兩得) ·········· 140
66	일석이조(一石二鳥) ·········· 140
67	견원지간(犬猿之間) ·········· 142
68	동문서답(東問西答) ·········· 144
69	요지부동(搖之不動) ·········· 146
70	양두구육(羊頭狗肉) ·········· 148
71	연목구어(緣木求魚) ·········· 150
72	진수성찬(珍羞盛饌) ·········· 152
73	삼삼오오(三三五五) ·········· 154
74	인산인해(人山人海) ·········· 156
75	사족(蛇足) ·········· 158
76	대기만성(大器晚成) ·········· 160
77	반신반의(半信半疑) ·········· 162
78	기우(杞憂) ·········· 164
79	유유상종(類類相從) ·········· 166

| 80 | 초록동색(草綠同色) ·········· 166 |

고사성어왕 Lv.4
어쩌다 마주친 전학생 ② ·········· 168

81	사면초가(四面楚歌) ·········· 170
82	결초보은(結草報恩) ·········· 172
83	어부지리(漁夫之利) ·········· 174
84	초지일관(初志一貫) ·········· 176
85	완벽(完璧) ················ 178
86	유비무환(有備無患) ·········· 180
87	새옹지마(塞翁之馬) ·········· 182
88	난형난제(難兄難弟) ·········· 184
89	조삼모사(朝三暮四) ·········· 186
90	계륵(鷄肋) ················ 188
91	우왕좌왕(右往左往) ·········· 190

92	여반장(如反掌) ············· 192
93	반포지효(反哺之孝) ·········· 194
94	타산지석(他山之石) ·········· 196
95	수구초심(首丘初心) ·········· 198
96	금시초문(今時初聞) ·········· 200
97	애지중지(愛之重之) ·········· 202
98	용두사미(龍頭蛇尾) ·········· 204
99	풍전등화(風前燈火) ·········· 206
100	결자해지(結者解之) ········· 208

고사성어왕 Lv.5
다음번엔 200개야! ············· 210

등장인물

루아

빛나초등학교 4학년 1반의
분위기 메이커

고사성어로 잘난 척하는 전학생 건오와 다투다 선생님께 혼이 난다. 그리고 한 달 후, 건오와 고사성어 100개 외우기 대결을 하기로 한다.

건오

루아네 반 전학생. 한자를 잘 알고 고사성어를 줄줄 외운다. 하지만 고사성어를 모르는 아이들에게 창피 주는 말을 자주 해서 루아와는 사이가 좋지 않다.

시후

루아의 남자 친구. 엄마가 둘 사이를 걱정해서 자주 만나지는 못한다. 얼른 중학생이 돼서 루아와 자유롭게 데이트하고 싶어 한다.

유진

루아의 단짝 친구! 똑 부러지는 성격으로 책 읽기와 글쓰기를 좋아한다. 아이돌 굿보이즈의 리더 한결의 팬이다.

예린

루아의 또 다른 단짝 친구. 반에서 유일하게 건오에게 친절하다. 건오도 예린이 앞에서는 잘난 척하지 않고 조용해진다.

민준

루아가 가장 친하게 지내는 남자 사람 친구이자 반 친구. 눈치 없고 단순하지만, 의리가 있고 마음도 따뜻하다. 건오와도 잘 지내는 편이다.

수빈

어제의 적은 오늘의 친구! 원래 루아와 사이가 좋지 않았지만, 건오에게 망신당하고 루아와 함께 고사성어 공부를 시작한다.

인물 관계도

루아네 가족

프롤로그
수상한 전학생

1 과유불급(過猶不及)

#한자는_어려워 #고사성어_공부_시작

♥ 우리 가족 ♥ 👤 4

루아
오늘 우리 반에 전학생이 왔는데,
고사성어 좀 안다고 잘난 척을 하는 거야.
걔랑 싸우다가 선생님한테 혼났어! 😠

로운
나도 들었음!
너 전학생이랑 한 달 안에
고사성어 100개 외우기로 했다며?

아빠
고사성어 공부 좋지. 속담이랑 비슷해.

루아
당장 오늘 100개 다 외워 버릴 거야.

엄마
과유불급이야. 오늘은 5개만 외우자.

루아
과유불급이 무슨 뜻이야?

로운
적당히 하는 게 좋다는 말인가?

 아빠
이로운! 정답! 🙂

로운이 제법인데?

쉿! 루아의 마음 일기

 오늘 전학생이 왔다. 이름은 송건오. 송건오는 예의가 없고 뻔뻔하다. 고사성어를 잘 안다고 나를 무시하길래 나도 지지 않고 싸웠다. 그러다가 선생님한테 들켜서 혼났다. 그리고 송건오와 고사성어 100개 외우기 대결을 하기로 했다. 열심히 외워서 송건오의 코를 납작하게 해 줄 거다.

 똑똑 고사성어

過 猶 不 及
지날 **과**　원숭이 **유**　아닐 **불(부)**　미칠 **급**

어떤 일이든 너무 과하면 부족한 것과 같다

아무리 몸에 좋은 음식이라도 많이 먹으면 안 좋은 법이에요. 책을 좋아해서 밤늦도록 보다가 잠이 들면 늦잠을 자게 되지요. 이처럼 과유불급은 무엇이든 적당히 하는 게 좋다는 뜻의 고사성어예요.

2 이심전심(以心傳心)

#수학_학원을_다니는_이유 #몰래_만나는_사이

시후 2

시후
내일부터 수학 학원 오는 거지?

루아
응. 엄마한테 말했어. 😊
내가 학원 간다니까 엄마가 좋아하더라.

시후
수학은 별로지만, 루아 너랑 하는 건 다 좋아.

루아
나도! 너 때문에 수학 학원 다니는 거야.

시후
마음이 통했다. 😀 이심전심!

루아
그러면 내 다른 마음도 맞혀 볼래?

시후
음… 수학 학원 끝나고 떡볶이 먹을까?

루아
좋아! 또 이심전심이다! 😊

 시후
통했다! 😍

쉿! 루아의 마음 일기

시후를 만나기 위해 시후와 같은 수학 학원을 다니기로 했다. 물론 어른들한테는 비밀이다. 시후 엄마는 시후와 내가 친한 걸 안 좋아하신다. 시후한테 여자 친구는 중학교 가서 사귀라고 하셨단다. 하지만 중학교에 가려면 아직도 2년이나 더 남았다. 그래서 우리는 몰래 만나는 사이가 됐다. 슬프지만 나름대로 재미있다.

똑똑 고사성어

以 心 傳 心
써 이　마음 심　전할 전　마음 심

마음과 마음으로 통하다

텔레파시가 통했다! 말하지 않아도 눈빛만으로 속마음이 통했다는 뜻이에요. 가족이나 가까운 친구일수록 서로에 대해 잘 알기 때문에 마음도 잘 맞지요. 여러분은 이심전심하는 친구가 있나요?

3 백전백승(百戰百勝)

#자나_깨나_고사성어 #이제_곧_고사성어_천재

건오 2

건오
이루아, 고사성어 공부는 하고 있냐?

이제라도 선생님한테 가서 못 하겠다고 해. 😌

루아
너 자꾸 나 무시할래?

건오
나는 고사성어에 있어서는 **백전백승**이야!

루아
백전백승?

어려운 말 쓰지 말라고!

건오
백 번 싸워서 백 번 이긴다는 뜻이지.

루아
송건오, 두고 봐. 😡

네가 나를 모르나 본데?

나 맞춤법 천재! 속담 천재!

이루아야!

건오
대신 고사성어는 바보겠지.

루아
너야말로 한 달 뒤에 지고서는 울지나 마라!
절대 안 봐줄 테니까.

루아의 마음 일기

송건오가 갑자기 톡을 걸더니 약을 올렸다. 정말, 정말, 정말 화가 났다. 평소라면 송건오 집을 알아내서 찾아갔을 거다. 초인종을 마구 누른 다음 송건오가 나오면 말로 쉴 새 없이 쏘아 대야지. 하지만 난 아직 고사성어를 잘 모른다. 송건오네 찾아가는 건 공부가 끝난 다음에 해야겠다.

똑똑 고사성어

百 戰 百 勝
일백 **백**　싸울 **전**　일백 **백**　이길 **승**

싸울 때마다 이긴다

백 번의 싸움이 있어요. 그런데 백 번을 모두 이겼다면, 엄청난 승리겠지요? 백전백승은 싸울 때마다 다 이긴다는 뜻의 고사성어예요. 싸움을 앞두고 아주 자신감 넘치는 태도를 이르지요.

4 다다익선(多多益善)

#고사성어_공부하는_모임 #송건오를_싫어하는_모임

♨ 영원한 삼총사 ♨ 👤 3

유진
어제 송건오가 고사성어 모른다고 나 무시하더라.

루아
너한테도 그랬어?

예린
송건오, 우리 반 애들 다 무시했어.

루아
어휴, 송건오! 😡
왜 그렇게 못된 짓만 하는지 모르겠네.

유진
그래서 나도 고사성어 공부하려고!

루아
좋아! 예린이 너도 할래?

유진
다다익선! 많으면 많을수록 좋다고, 같이 하자!

루아
오, 채유진 벌써 고사성어 좀 아네?

유진
나도 화나서 어제부터 공부 시작했거든.

예린
그래. 같이 하자! 🙂

루아
좋아! 이제 우리는 고사성어 공부하는 모임이다.

쉿! 루아의 마음 일기

송건오가 나한테만 비호감은 아니었나 보다. 유진이가 이렇게 화를 내는 건 처음 본다. 고마운 내 편, 유진이와 예린이가 있어서 든든하다. 우리는 고사성어 공부 모임을 만들기로 했다. 시간을 정해 놓고 같이 고사성어 공부를 할 거다.

똑똑 고사성어

많을 다   많을 다   더할 익   착할 선

많으면 많을수록 더욱 좋다

옛날 중국 한나라의 이야기예요. 한나라를 세운 고조 유방이 장군 한신을 불러 물었어요. "그대는 군사를 얼마나 이끌 수 있는가?" 이에 한신은 "병사가 많으면 많을수록 좋습니다."라고 대답했어요. 자신감이 넘치지요? 이 이야기에서 다다익선이라는 고사성어가 생겨났어요.

5 동상이몽(同牀異夢)

루아
> 동상이몽이네! 엄마는 공부! 오빠는 여자친구!
> 학원 다니는 목적이 서로 다르잖아.

 아빠
> 깜빡 속을 뻔했네. 😂

쉿! 루아의 마음 일기

오빠가 학원을 다니겠다고 하다니, 해가 서쪽에서 뜰 일이다. 하지만 나는 학원을 다니려는 오빠의 진짜 의도를 알고 있었다. 오빠가 좋아하는 언니가 그 학원을 다닌다는 것을. 그러고 보니 나도 시후 때문에 수학 학원을 다니고 있네. 오빠한테 뭐라고 할 입장은 아니었다. 히히.

 똑똑 고사성어

同 牀 異 夢
같을 동   평상 상   다를 이(리)   꿈 몽

속으로 각자 딴생각을 하고 있다

같은 잠자리에서 잠이 든 두 사람이 있어요. 하지만 같은 꿈을 꾸지는 않아요. 동상이몽은 겉으로 보기에 같은 행동을 하는 것처럼 보여도, 속으로는 각자 다른 생각을 하고 있다는 뜻의 고사성어예요.

6 전전긍긍(戰戰兢兢)

#귀신이다! #귀신은_고사성어를_알까?

★ 4-1 친구들 ★ 👤 11

수빈
나 어제 우리 반에서 귀신 봤어!

미주
헉. 진짜? 😟

루아
으악! 진짜야?

민준
여자 귀신? 남자 귀신?

수빈
글쎄. 머리는 길고, 까만 옷을 입고 있었어.

유진
너 꿈꾼 거 아냐? 😭

건오
다들 전전긍긍하기는…….
잘못한 게 없으면 두려울 것도 없는 법.

도현
야. 지금 되게 심각하거든?

건오
나는 귀신이 무섭지 않아.

 민준
맹세할 수 있어?

 건오
당연하지!

쉿! 루아의 마음 일기

　나는 박수빈과 사이가 좋지 않지만, 귀신이라면 이야기가 달라진다. 박수빈은 귀신으로 농담이나 거짓말을 할 애가 아니다. 왜 하필 우리 반에 귀신이 나타난 걸까? 그런데 귀신은 뭐하나. 송건오 같이 잘난 척하는 녀석 앞에는 안 나타나고. 어쨌든 너무 무섭다.

똑똑 고사성어

戰　戰　兢　兢
싸울 전　싸울 전　조심할 긍　조심할 긍

몹시 두려워 벌벌 떨며 조심하다

전전긍긍은 원래 살얼음판을 걷는 것처럼 말과 행동을 조심한다는 뜻이에요. 나쁜 짓을 저지른 사람이 자신의 잘못이 드러날까 조마조마하고 두려워하는 마음을 뜻하기도 한답니다.

7 자포자기(自暴自棄)

#오빠의_눈물 #고장_난_게임기

로운 👤 2

루아
오빠, 아까 울었어?

로운
아니. 안 울었음. 😭

루아
울었잖아.

로운
안 울었다고!

루아
왜 그래? 무슨 일 있어?

로운
게임기가 고장 났어.
지금은 그냥 **자포자기**하는 마음이야.

루아
자포자기? 왜 그래. 😭

로운
밥도 먹기 싫고, 잠도 자기 싫다. 😭

> 루아
> 엄마 아빠한테 잘 이야기하면
> 다시 사 주지 않을까?

로운
> 글쎄.
> 오히려 잘됐다고 안 사 줄 것 같아.

쉿! 루아의 마음 일기

오빠는 게임을 너무 좋아한다. 지난번 속담왕 대회에 나갔던 이유도 상품권을 타서 게임 아이템을 사기 위해서였다. 하지만 오빠는 5등으로 떨어졌다. 이번에는 오빠의 게임기가 고장 났다. 껐다 다시 켜도 안 된다고 하니, 나 같아도 자포자기했을 것 같다.

똑똑 고사성어

自 暴 自 棄
스스로 **자**　사나울 **포**　스스로 **자**　버릴 **기**

절망에 빠져 자신을 스스로 포기하고 돌아보지 아니하다

중국의 유명한 학자 맹자가 이런 말을 했어요. "요즘은 스스로 돌보지 않고 마음대로 사는 젊은이들이 참으로 걱정스럽다." 여기서 자포자기라는 고사성어가 나온 거랍니다. 맹자의 말처럼 힘든 일이 있어도 자포자기하지 말고, 힘을 내도록 해요.

8 역지사지(易地思之)

#고양이_봄 #동물도_병원은_싫어

이모 2

루아
봄이가 나 할퀴었어!

이모
헉. 무슨 일 있었어?

루아
동물 병원 갔거든.
피 검사 하는데 봄이가 화냈어.

이모
역지사지야.
너도 봄이 입장이라고 생각해 봐.

루아
봄이 입장?

이모
봄이는 고양이라서 병원 간다고 말해 줄 수도 없잖아.

루아
역지사지!
내가 봄이라면 속은 기분일 거야.

이모
그래, 맞아.
오늘은 맛있는 간식 주고 잘 달래 줘. 😘

루아
알겠어!

쉿! 루아의 마음 일기

오늘은 아빠랑 봄이를 데리고 동물 병원에 갔다. 검진을 받기 위해서였다. 그런데 봄이가 병원이라는 걸 눈치챘나 보다. 담요에 돌돌 말려서 피 검사를 갔다 왔는데, 아주 화가 나 있었다. 집에 오는 길에는 나를 할퀴기까지 했다. 아프진 않았지만 나도 속상했다. 어쨌든 간식으로 봄이와 겨우 화해했다.

똑똑 고사성어

易 地 思 之
바꿀 역 땅 지 생각 사 갈 지

처지를 바꾸어서 생각하다

세상에 똑같은 사람은 없어요. 이름도, 성별도, 나이도, 살아가는 곳도 다 달라요. 각자 처지가 다르기 때문에 생각도 다를 수밖에 없지요. 그러니까 다른 사람 입장에서 생각하고 행동하는 마음을 가져 보는 것이 중요해요.

9 파죽지세(破竹之勢)

10 승승장구(乘勝長驅)

#한일전은_놓칠_수_없지! #대한민국_짝짝짝짝짝!

♥ 우리 가족 ♥ 👤 4

로운
어제 다 같이 축구 봐서 너무 재밌었어!

루아
나도! 치킨 먹으면서 보니까 더 재밌어. 😊

아빠
우리 축구 대표팀 진짜 잘했지?
파죽지세였어.

엄마
맞아! 거침없이 일본 골대로 쳐들어가더라.

로운
첫 골 넣고 **승승장구**해서 계속 넣었지.

루아
응. 😊 우리가 이겨서 좋다!

아빠
다음 주에는 독일이랑 경기한대. 😊

루아
정말?
다음 주에도 거실에서 같이 보자!

루아의 마음 일기

엄마 아빠, 오빠와 같이 축구 경기를 봤다. 우리나라랑 일본의 경기였다. 우리나라가 첫 골을 넣었을 때는 다들 벌떡 일어나서 소리를 질렀다. 나도 신나서 춤을 추었다. 치킨도 먹고, 축구 경기도 보고, 또 우리 팀이 승리하고! 즐거운 저녁이었다. 매일 축구 경기가 있으면 좋겠다.

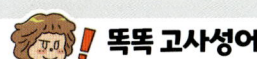 똑똑 고사성어

破 竹 之 勢
깨뜨릴 **파** 대 **죽** 갈 **지** 기세 **세**

적을 거침없이 물리치고 쳐들어가는 기세다

대나무는 매우 곧고 단단해요. 그런 대나무를 단번에 쪼개는 칼날이라면 아주 날카롭고 재빠르겠지요? 파죽지세는 대나무를 쪼개는 기세라는 뜻으로, 적을 물리치고 나아가는 모습이 대단하다는 의미랍니다.

乘 勝 長 驅
탈 **승** 이길 **승** 길 **장** 몰 **구**

싸움에서 이기는 형세를 타고 계속 몰아치다

싸움에서 한번 이기고 나면 기운이 솟구치고 힘이 넘쳐요. 이렇게 자신감이 넘칠 때 연달아 싸움을 하면 이길 확률도 높지요. 승승장구는 싸움이나 어떤 일을 잘 해결하고 나서 그다음에도 거침없이 나아가는 모습을 말해요.

11 안하무인(眼下無人)

#태권_소년이_화났다! #누군지_말만_해!

시후 2

시후
전학 온 애가 너 무시했다며?
이름이 뭐야?

루아
응! 송건오라고 있어.
걔가 내 어깨 치고 가서 넘어질 뻔했어.
거기다가 내가 고사성어 좀 모른다고 비웃더라니까!

시후
뭐? 안하무인이네!

루아
완전 사람을 무시하더라고.

시후
내일 학교 끝나고
내가 가서 혼내 줄게.

루아
아니야, 시후야.
나한테 좋은 생각이 있어.

시후
뭔데? 내 태권도 실력이면 바로 끝나.

루아
고사성어로 망신당했으니,
고사성어로 혼내 줄 거야.

루아의 마음 일기

시후는 벌레와 귀신을 무서워하는 어린이지만, 나한테 무슨 일이 생기면 용감한 태권 소년으로 변신한다. 내가 아는 사람 중 태권도를 가장 잘하는 애가 바로 시후다. 이런 시후가 내 남자 친구라니, 너무 좋다! 어쨌든 송건오하고는 내가 싸울 거다. 고사성어 100개만 외우면 된다.

 똑똑 고사성어

眼 下 無 人
눈 **안** 아래 **하** 없을 **무** 사람 **인**

방자하여 다른 사람을 업신여기다

안하무인은 눈 아래 사람이 없는 것처럼 행동한다는 뜻이에요. 멀쩡하게 앞에 있는 사람을 투명인간 취급하거나 함부로 대한다면 기분이 나쁘겠지요? 이렇게 예의 없는 사람을 일컫는 말이지요.

12 자화자찬(自畫自讚)

#나도_모르게_큰소리 #나라도_나를_칭찬해야지

선생님 2

선생님
요즘 고사성어 공부는 잘하고 있니?

그날 싸운 거 반성하고, 건오와 화해할 생각은 없어?

그러면 선생님도 용서해 줄게.

고사성어 대결을 하지 않아도 괜찮아.

루아
그럴 리가요! 전 고사성어 공부 좋아요!

한자도 아주 잘 외워지고요.

천재인가 봐요.

선생님
흠, 그래?

루아
네! 저 속담왕 대회에서도 1등 했잖아요.

고사성어도 금방 외울걸요?

선생님
너무 **자화자찬**하는 거 같은데?

루아

저 자화자찬이 무슨 뜻인지도 알아요!

나를 스스로 칭찬한다! 맞죠?

선생님

맞아. 아무튼 선생님도 루아 응원할게.

내일 학교에서 보자. 🙂

쉿! 루아의 마음 일기

나도 모르게 선생님께 큰소리를 쳐 버렸다. 고사성어 100개는 금방 외운다고 자신 있게 말했지만, 선생님과 대화를 끝내자마자 후회가 밀려왔다. 송건오랑 화해하기 싫어서 그런 말을 했다. 3일 동안 고사성어 한 개를 겨우 외웠다. 그렇지만 나라도 나를 칭찬해 줘야지.

똑똑 고사성어

自 畫 自 讚

스스로 **자**   그림 **화**   스스로 **자**   기릴 **찬**

자기가 한 일을 스스로 자랑하다

옛날에 우리 조상은 자신의 모습을 그림으로 그려 남겨 두었어요. 이를 자화상이라고 해요. 자화상을 다 그린 뒤 칭찬을 아끼지 않았어요. 여기서 자화자찬이라는 고사성어가 나온 거예요. 하지만 요즘은 자기 자랑을 지나치게 해서 눈살을 찌푸리게 하는 사람에게 자화자찬이라는 말을 쓰기도 해요.

13 유언비어(流言蜚語)

#소문의_소문 #내_남자_친구의_팬클럽

민준 2

민준
너 강시후랑 깨졌어?

루아
무슨 소리야.
어제도 만나서 잘 놀았는데.

민준
아, 유언비어였나?
어제 시후네 학교 애들한테
너랑 시후 깨졌다고 들었거든.

루아
유언비어 맞아!
왜 그런 말도 안 되는 소문이 돌지?

민준
강시후 팬클럽이 퍼트렸나 봐.

루아
시후한테 팬클럽이 있어?

민준
시후가 태권도 잘한다고 좋아하는 애들이 꽤 있더라.
긴장해라, 이루아.

루아
누군지 몰라도 가만 안 둬!

쉿! 루아의 마음 일기

내 남자 친구에게 팬클럽이 있다니! 그런 모임이 있다면, 회장은 내가 맡아야 하지 않을까? 송건오랑 고사성어 100개 대결을 하기로 한 다음부터 시후랑 자주 만나지 못했다. 속상하다. 이게 다 송건오 때문이다!

! 똑똑 고사성어

流 言 蜚 語
흐를 유(류)　말씀 언　바퀴 비　말씀 어

아무 근거 없이 널리 퍼진 소문이다

유언비어는 헛소문이 퍼져 나간다는 뜻이에요. 여기서 비(蜚)는 바퀴벌레를 뜻하는 한자어예요. 근거 없는 소문이 그만큼 쓸데없고 해롭다는 것이겠지요? 유언비어를 퍼트리지도 말고, 유언비어에 휘둘리지도 않기로 해요.

14 호시탐탐(虎視眈眈)

#고기_데이 #오빠_고기가_맛있어_보여

♥ 우리 가족 ♥ 👤 4

엄마
오늘 저녁에 고기 구워 먹을까?

로운
좋아!
난 소시지도 구워 줘!

루아
나도 소시지! 😣

로운
그럼 고기랑 소시지 많이 구워 줘!
무조건 많이 구워야 돼!

아빠
우리는 항상 많이 굽지.

로운
이루아가 맨날 내 고기만
호시탐탐 노린단 말이야. 😢

루아
오빠 고기가 맛있어 보여. 😊

엄마
똑같은 고기인데?

 아빠
그래. 아빠가 똑같이 잘 나눠 주잖아.

루아
몰라! 오늘도 **호시탐탐** 노릴 거야. 😈

쉿! 루아의 마음 일기

오늘 고기를 먹었다. 엄마랑 오빠는 고기를 상추에 싸서 먹지만, 나는 그러기 싫었다. 고기에 소시지를 싸서 먹어야 하니까. 히히. 아빠가 고기를 구워서 오빠랑 내 접시에 나눠 주셨다. 오늘도 오빠 접시에 있는 고기 몇 점을 빼앗아 먹었다. 오빠 미안해!

똑똑 고사성어

虎 視 眈 眈
범 **호**　　볼 **시**　　노려볼 **탐**　　노려볼 **탐**

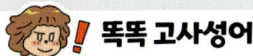
남의 것을 빼앗기 위해 기회를 엿보다

호시탐탐에서 '호(虎)'는 호랑이를 뜻해요. 풀이하면, 호랑이가 사냥을 하려고 두 눈을 부릅뜨고서 먹이를 노려본다는 뜻이에요. 남의 것을 빼앗기 위하여 기회를 엿보는 모양을 말하지요. 사람들은 때때로 좋은 일을 하거나 기회를 얻기 위해 호시탐탐하는 태도를 취하기도 해요.

15 학수고대(鶴首苦待)

#할머니랑_같이_산다고? #나의_고사성어_선생님

외할머니 2

루아
할머니!
진짜 우리 집에 와서 같이 살아?

외할머니
할머니 집 공사하거든.
공사하는 한 달 동안만 루아네 있기로 했지.

루아
너무 좋아! 😍

외할머니
할머니도 루아 보러 가는 날만 학수고대해.

루아
학수고대?
그거 엄청 기다린다는 뜻이지?
할머니, 나 요즘 고사성어 공부해!

외할머니
응. 할머니도 들었어.
같은 반 친구랑 고사성어 외우기 시합한다며? 🙂

루아
> 응! 내가 꼭 이기고 말 거야!

 외할머니
> 할머니가 얼른 가서 루아 공부 도와줘야겠다.

루아
> 역시 우리 할머니야! 👍

루아의 마음 일기

나는 어릴 때 외할머니랑 살았다. 그때도 엄마 아빠는 회사를 다녔고, 나랑 오빠는 너무 어렸다. 엄마한테 외할머니가 우리랑 한 달 동안 같이 살게 됐다는 이야기를 들었을 때, 좋아서 비명을 질렀다. 최근 있었던 일 중 제일 신났다. 할머니랑 꼭 같은 방을 써야지.

똑똑 고사성어

鶴 首 苦 待
학학   머리**수**   괴로울**고**   기다릴**대**

간절히 기다리다

학이 목을 길게 빼고 무언가를 기다리고 있어요. 목의 생김새 때문에 아주 간절한 느낌이 들어요. 무언가를 몹시 기다리고 있을 때, '목이 빠져라 기다린다.'라는 표현을 쓰기도 해요. 그러니까 학수고대는 간절히 기다린다는 뜻의 고사성어랍니다.

16 설상가상(雪上加霜)

#시후의_부상 #시후_없는_학원은_싫어

시후 2

 시후

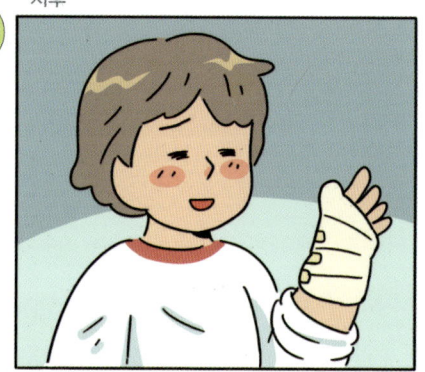

루아야,

나 깁스했어.

루아

헉! 😨 강시후!

무슨 일이야?

 시후

넘어졌어. 😭 아프다.

설상가상으로 오늘 학원도 못 가.

엄마가 오늘은 집에서 공부하래.

루아

나 오늘 학원 숙제도 못 했는데, 너도 안 오고!

나도 **설상가상**이네.

그래도 다쳤으니까 오늘은 푹 쉬어.

시후

응. 또 연락할게.

🤫 루아의 마음 일기

나는 시후랑 같은 수학 학원을 다닌다. 우리는 학교가 다르기 때문에 학원에서라도 만나야 한다. 그런데 시후가 팔을 다쳐서 학원에 못 온다고 한다. 시후 없는 학원에서 수업을 듣는데, 수학이 더 어렵게 느껴졌다. 심지어 시험도 봤다. 학원에 안 온 시후가 부러웠다.

똑똑 고사성어

雪 上 加 霜
눈 **설**   위 **상**   더할 **가**   서리 **상**

나쁜 일이 잇따라 일어난다

눈이 오면 눈사람도 만들고 즐겁지만, 다니기에 불편한 점도 있어요. 거기에 서리까지 내리면 길이 꽝꽝 얼어붙고 미끄러워지지요. 설상가상은 눈이 온 뒤 서리까지 내린다는 뜻으로, 난처하거나 불행한 일이 연달아 일어나는 상황을 말해요.

17 우이독경(牛耳讀經)

#깐죽_대마왕_등장 #속담왕한테_감히?

건오 2

건오
이루아,
고사성어는 좀 외웠냐?
하루에 한 개 외우기도 힘들지? 😌

루아
야, 송건오!
나 요즘 수학 학원 다니느라 바쁘거든?

건오
핑계는. 내가 아무리 고사성어를 말해도,
이루아 너한테는 **우이독경**이겠지.
너 **우이독경**은 무슨 뜻인지 알아?

루아
소 우(牛)…….

건오
쇠귀에 경 읽기.
이 속담은 알려나? 😏

루아
> 당연히 알지!
> 나 속담왕 대회 1등 했어!

건오

> 그럼 뭐 하냐? 고사성어는 모르는데.

쉿! 루아의 마음 일기

송건오가 또 잘난 척하는 톡을 보냈다. 일부러 저러나? 정말 밥맛없다. 우리 학교 4학년 중에서 송건오가 제일 별로다. 꼭 한자를 외우고 고사성어를 공부해서 송건오를 이기고 말 거다. 그런데 내가 하루에 고사성어 한 개 외우는 건 어떻게 알았지? 좋아! 오늘부터 다섯 개씩 외운다!

똑똑 고사성어

牛 耳 讀 經
소**우**　귀**이**　읽을**독**　경서**경**

아무리 알려 주어도 알아듣지 못한다

소의 귀에 대고 책을 읽어 준다고 소가 책의 내용을 이해할 수 있을까요? 비슷한 경우로 외국인이 와서 자신의 나라 언어로 말을 하면 우리는 하나도 알아듣지 못할 거예요. '쇠귀에 경 읽기'라는 속담과 같은 뜻을 가지고 있어요.

18 문전성시(門前成市)

#인기쟁이_예린 #누가_좋은데?_그건_비밀!

♨ 영원한 삼총사 ♨ 👤 3

루아
우예린! 너 또 고백받았다며?

예린
응. 도현이가 쪽지 보냈어. 🙂

유진
와, 지난주에는 3반 애한테 초콜릿 받았잖아!

루아
우리 예린이 앞에 고백하려는 애들이 줄을 섰네.
완전 문전성시야.

유진
인기쟁이! 😀

예린
부끄러워. 그만해. 😣

루아
그런데 너 이제 민준이는 안 좋아해?

예린
나 사실 요즘은 다른 애 좋아해.

유진
헉! 누구? 😮

예린
비밀. 😢
나중에 말해 줄게.

쉿! 루아의 마음 일기

요즘 예린이가 우리 학교에서 인기 최고다. 예린이는 민준이를 계속 좋아했었는데, 민준이가 수빈이랑 사귀는 걸 알고 엄청 속상해했다. 결국 민준이랑 수빈이도 헤어지긴 했지만…… 그런 예린이가 다른 애를 좋아한다고? 도대체 누굴까?

똑똑 고사성어

門 前 成 市
문 문   앞 전   이룰 성   시장 시

찾아오는 사람이 많아 문 앞이 시장을 이룬다

사람이 바글바글한 가게가 있어요. 사람이 많으면 마치 시장이 열린 것처럼 보이기도 해요. 관심이 없다가도 무슨 물건을 파는지 궁금해지기도 하고요. 문전성시는 시장이 열린 것처럼 많은 사람이 찾아온다는 뜻이에요.

19 지음(知音)
20 관포지교(管鮑之交)

#오빠의_새_친구 #불길한_예감은_틀리지_않고

로운 2

로운
이따가 나의 새로운 **지음**이
우리 집에 놀러 올 거야.

루아
지음?
친구 이름이 **지음**이야?

로운
아니. **마음을 알아주는 친구**란 뜻이야.
관포지교랑 비슷한 말이지.

루아
관포지교는 또 뭐야?

로운
엄청 친한 친구!
얼마 전에 전학 온 애인데 진짜 웃겨. 🙂
걔네 집은 어릴 때부터 한자 공부를 시켰대.

루아

흠.

내가 아는 누구랑 비슷하네.

쉿! 루아의 마음 일기

오빠에게 새로운 친구가 생겼다. 얼마 전에 전학 왔고, 한자를 잘 안다고? 누구랑 비슷한 것 같다. 우리 반에도 딱 그런 녀석이 전학을 왔으니까. 오빠 친구의 이름은 송윤오! 역시 건오의 형이 맞았다. 어떻게 이런 일이!

똑똑 고사성어

知 音
알 **지** 소리 **음**

마음이 서로 통하는 친한 벗

옛날 중국에 거문고 연주를 잘하는 백아가 살았어요. 백아는 자신의 소리를 알아주는 친구는 종자기뿐이라고 생각했어요. 그래서 종자기가 죽자 너무 슬픈 나머지 거문고 줄을 끊었다고 해요. 백아와 종자기 같은 극진한 친구 사이를 지음이라고 해요.

管 鮑 之 交
피리 **관** 절인어물 **포** 갈 **지** 사귈 **교**

우정이 아주 돈독한 친구 사이

옛날 중국에 관중과 포숙이라는 친구가 살았어요. 한번은 관중이 죽을 위기에 처하자 포숙이 나서서 관중을 구해 주었지요. 관중은 "나를 낳아 준 사람은 부모님이지만, 나를 알아준 사람은 포숙이다."라는 말을 남겼어요. 둘의 끈끈한 우정을 가리켜 관포지교라고 해요.

건오를 부탁해!

* 만화 속 고사성어의 빈칸을 완성해 보아요.

21 경거망동(輕擧妄動)

#나만_몰랐던_진실 #한자는_어려워

♨ 영원한 삼총사 ♨ 👤 3

루아
오늘 선생님이
고사성어 잘 외우고 있냐고 물으시더라.

유진
그래?
너 열심히 하고 있잖아.

루아
솔직히 너무 어려워. 😭

예린
뭐든 처음하면 다 어려운 법이야.

루아
내가 **경거망동**했던 것 같아.
괜히 큰소리쳤어.

예린
경거망동이 무슨 뜻인데?

루아
생각 없이 경솔하게 행동했다고.

유진
오! 그런 말도 알고. 너 공부 많이 했네, 뭐.

루아
그런가? 용기 줘서 고마워.

예린
이루아 파이팅!

쉿! 루아의 마음 일기

오늘 아침에 교실에 갔더니 선생님만 계셨다. 선생님은 날 보자마자 "루아야, 고사성어 공부는 잘되어 가니?" 하고 물으셨다. 부담감이 밀려왔다. 한자는 처음에는 쉽지만, 공부할수록 어렵다. 획수가 많은 한자를 보면 눈앞이 빙빙 돈다. 왜 큰소리를 쳤을까? 후회된다.

똑똑 고사성어

輕 擧 妄 動
가벼울 경   들 거   허망할 망   움직일 동

경솔하여 생각 없이 행동하다

어떤 일을 할 때 쉽게 나서거나, 마구 서두르는 사람이 있지요? 혼자서 허둥대기도 하고요. 경거망동은 이런 사람에게 쓰는 말이에요. 그런 사람은 옆에서 보기에도 일을 그르칠 것처럼 보이지요. 경솔하고 경망스럽다는 의미의 표현이기도 해요.

22 노심초사(勞心焦思)

#유진이의_첫사랑 #한결_오빠를_한결같이_사랑함

유진 2

루아
채유진!
오늘 왜 학교 끝나자마자 인사도 안 하고 갔어?

유진
미안. 내가 제정신이 아니야.

루아
무슨 일이야?

유진
오늘 한결 오빠 팬 사인회 추첨하거든.
이번엔 꼭 오빠를 만나고 싶어.

루아
아…….
그거 경쟁률 치열하다며.

유진
진짜 안 될까 봐 노심초사하단 말이야.

루아
나도 네가 갑자기 사라져서 노심초사했어.

유진
어제 꿈에도 한결 오빠가 나왔어.

루아
팬 사인회에 꼭 뽑히길
내가 기도해 줄게.

쉿! 루아의 마음 일기

나와 유진이는 굿보이즈를 좋아했다. 뮤직비디오도 같이 보고, 춤도 배웠다. 그런데 굿보이즈가 해체하고 말았다. 유진이는 여전히 굿보이즈의 리더였던 한결 오빠를 좋아한다. 한결 오빠는 자신을 이렇게나 많이 좋아하는 팬이 있다는 것을 알까? 유진이가 사인회에 꼭 뽑히면 좋겠다.

똑똑 고사성어

勞 心 焦 思

수고로울 노(로)　마음 심　그을릴 초　생각 사

매우 마음을 쓰며 애태우다

간절히 원하는 마음을 가진 적 있나요? 일이 이루어지지 않을까 봐 걱정해서 속을 까맣게 태운 적도 있을 거예요. 노심초사는 이러한 마음을 표현하는 고사성어랍니다.

23 백문불여일견(百聞不如一見)

#봐도_봐도_보고_싶다 #내가_전학_갈까?

시후 2

루아
집에 잘 들어갔어?

 시후
응! 데려다줘서 고마워!

루아
응. 오늘 재미있었어. 😘

 시후
나 너희 학교로 전학 갈까?
백문불여일견! 😀
이렇게 톡을 백 번 하는 것보다
한 번 얼굴 보는 게 더 좋아.

루아
나도 그래.
하지만 나 때문에 전학 간다고 하면
너희 엄마가 허락하실까?

 시후
그러네. 슬프다. 😭

루아

앞으로 더 자주 만나서 놀자!

내일도 보고,

내일모레도 보는 거야!

쉿! 루아의 마음 일기

오늘 수학 학원이 끝나고 시후랑 공원에 갔다. 우리는 각자 학교에서 있었던 일을 이야기했다. 시후는 아직 깁스를 풀지 않았다. 나는 깁스에 '얼른 나아! -너의 R-'이라고 적었다. 시후가 R 옆에 하트도 그려달라고 했다. 시후 말처럼 우리가 같은 학교에 다니면 정말 좋을 텐데. 중학교는 같은 곳으로 가고 싶다.

똑똑 고사성어

百 聞 不 如 一 見
일백 **백**   들을 **문**   아닐 **불(부)**   같을 **여**   하나 **일**   볼 **견**

듣기만 하는 것보다 직접 보는 것이 확실하다

만약 우리가 한 번도 코끼리를 본 적이 없는데, 말로만 코끼리에 대한 설명을 들었다고 생각해 보세요. '몸집이 크고, 네 발로 걸어 다니며, 코가 길다.'라고요. 하지만 이렇게 설명을 듣는 것보다 코끼리 사진을 보는 것이 더 정확하겠지요?

24 횡설수설(橫說竪說)

예린
걱정하지 마!
유진이 최고! 👍

루아
그래, 우리가 보기엔 네가 최고야! 👍

쉿! 루아의 마음 일기

유진이가 백일장에 나갔다. 유진이는 내 친구 중에서 책을 제일 많이 읽는다. 게다가 말도 잘하고, 동시도 잘 쓴다. 지난 백일장에서는 아깝게 상을 받지 못했는데, 그래서인지 이번에도 자신이 없어 보였다. 그런데 내가 느끼기에 유진이는 이미 작가님 같다. 채유진 파이팅!

똑똑 고사성어

橫 說 竪 說
가로 **횡** 말씀 **설** 설 **수** 말씀 **설**

조리가 없이 말을 이러쿵저러쿵 지껄이다

횡설수설은 가로(橫)로 말하다가 세로(竪)로 말한다는 뜻이에요. 정신없이 떠든다는 것이지요. 말의 앞뒤가 맞지 않거나 아무렇게나 떠드는 모습을 보고 횡설수설한다고 표현한답니다.

25 오매불망(寤寐不忘)

#봄이가_기다리는_사람은? #사람이_아니라고?

외할머니 2

루아
할머니! 할머니!
나 이제 학원 끝났어.

 외할머니
할머니는 봄이랑 텔레비전 봐.

루아
봄이가 텔레비전을 본다고?

 외할머니
응. 루아 언니를 **오매불망** 기다리면서
텔레비전 보고 있지요.

루아
봄이가 나를 기다릴 리가 없는데?

 외할머니
왜? 루아를 제일 좋아하던데?

루아
아니야.
봄이가 기다리는 건 바로…….

 외할머니
바로?

루아
간식이야! 😂

내가 아니라 내가 줄 간식을 기다리는 거지.

루아의 마음 일기

드디어 외할머니가 우리 집에서 지내게 되었다. 딱 한 달이지만, 그래도 좋다. 나도 한 달 안에 고사성어를 외워야 하니까! 그리고 할머니에게 짝꿍이 생겼다. 바로 우리 집 고양이 봄이다. 봄이는 야옹야옹 울면서 할머니를 쫓아다닌다. 봄이도 할머니랑 살아서 좋은가 보다.

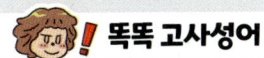 똑똑 고사성어

寤 寐 不 忘
깰 **오**   잠잘 **매**   아닐 **불(부)**   잊을 **망**

자나 깨나 잊지 못한다

깨어 있을 때나 잠을 잘 때나 누군가를 그리워하는 기분은 어떤 것일까요? 정말 사랑하는 대상이겠지요. 오매불망은 사랑하는 대상을 그리워하며, 언제나 잊지 못함을 말해요.

26 모순(矛盾)
27 자가당착(自家撞着)

#우리가_게임을_하는_이유 #제발_믿어_줘

♥ 우리 가족 ♥ 👤 4

로운
엄마 아빠, 나 게임기 사 주면 안 돼?

아빠
글쎄. 게임기가 꼭 필요한 이유가 있어?

로운
게임을 하면 스트레스가 풀려! 😊

루아
맞아! 그러면 공부에 집중도 더 잘돼!

엄마
앞뒤가 안 맞아. **모순**이야.
게임 하느라 밥도 잘 안 먹고, 잠도 못 자고,
오히려 공부에 방해만 되는 것 같은데?

아빠
그래. 너희의 말과 행동이 맞지 않아.
자가당착에 빠졌어.

로운
앞으로는 게임 적당히 하고 공부 열심히 할게.

루아
응! 우리 한 번만 더 믿어 줘!

쉿! 루아의 마음 일기

오빠의 게임기가 고장 난 지 며칠이 지났다. 생일에 받은 비싼 게임기였다. 오빠는 엄마 아빠한테 몇 번이나 게임기를 다시 사 달라고 졸랐지만, 결국 허락을 받지 못했다. 내가 봐도 오빠는 게임 중독이다. 과연 오빠는 자가당착을 극복할 수 있을까?

똑똑 고사성어

矛 盾
창 모 방패 순

**어떤 사실의
앞뒤가 맞지 않는다**

중국 초나라에 어느 상인이 모든 창을 막을 수 있는 방패를 팔았어요. 그런데 모든 방패를 뚫을 수 있는 창도 팔았지요. 그 창과 방패가 싸우면 무엇이 이길까요? 이처럼 앞뒤가 맞지 않거나 말이 안 되는 것을 모순이라고 해요.

自 家 撞 着
스스로 자 집 가 칠 당 붙을 착

**말이나 행동이
서로 앞뒤가 맞지 아니하다**

자가당착은 스스로와 싸우기도 하다가 붙기도 한다는 뜻이에요. 이랬다가 저랬다가 앞뒤가 맞지 않는 상황에서 쓰이지요.

28 청천벽력(靑天霹靂)

#마른하늘에_날벼락 #민준이가_나를_모른_척하다?

민준 2

루아
아까 레스토랑에서 너 맞지?

민준
맞아. 일부러 모른 척한 건 아니야.
우리 엄마 아빠 이혼했잖아…….

루아
알아. 너 괜찮아?

민준
처음에는 **청천벽력** 같았는데,
지금은 괜찮아.

루아
그래. 얼마나 놀라고 속상했겠어.

민준
오늘은 아빠가 밥 사 준다고 해서 나왔어.
왠지 어색해서 모른 척한 거야.

루아
응. 괜찮아!

민준
이해해 줘서 고마워.

역시 이루아 너는 내 절친이야.

쉿! 루아의 마음 일기

외할머니, 엄마, 아빠, 오빠랑 피자를 먹으러 갔다. 그런데 우리 테이블 건너편에 민준이가 앉아 있었다. 아빠랑 둘이서 밥을 먹으러 온 것 같았다. 나는 아는 척을 하고 싶었지만, 민준이가 자꾸 내 눈을 피했다. 그 이유를 듣고 나니 마음이 아팠다. 민준이가 얼른 기운을 내면 좋겠다.

똑똑 고사성어

青 天 霹 靂
푸를 **청**　하늘 **천**　벼락 **벽**　벼락 **력(역)**

뜻밖에 큰 사건이 일어나다

파란 하늘에 하얀 뭉게구름이 둥둥 떠다니고 있어요. 그런데 갑자기 '우르르 쾅!' 하고 벼락이 친다면 어떨까요? 깜짝 놀라겠지요? 청천벽력은 마른하늘에 날벼락이 치는 상황으로, 예상치 못한 커다란 사건이 벌어졌을 때 써요.

29 작심삼일(作心三日)

#오빠의_굳은_각오 #일단_3일은_극복

로운 2

루아
오빠, 왜 안 자?

로운
나 공부 중.
영어 단어 외워.

루아
숙제야?
할머니가 얼른 자래.

로운
영어 성적 올려서 게임기 사 달라고 하려고.
맨날 계획만 세우고, 작심삼일이었는데…….
이번에는 제대로 할 거야!

루아
헉. 대단하네.
오빠가 스스로 공부하는 거 처음 봐.
오늘이 공부 시작한 지 며칠째야?

로운
4일.

루아
작심삼일은 지났네!

 로운
작심사일 안 되게 열심히 해야지.

쉿! 루아의 마음 일기

 오빠는 요즘 공부를 열심히 한다. 이대로라면 작심삼일로 끝나지 않고, 게임기를 다시 살 수 있을 것 같다. 물론 나도 요즘 열심히 고사성어 공부 중이다. 3일은 지난 지 한참이다. 갑자기 고사성어 100개가 식은 죽 먹기 같다.

 똑똑 고사성어

作	心	三	日
지을 작	마음 심	석 삼	날 일

결심이 굳지 못하다

새 학기가 오거나 방학이 시작되면 계획을 세우곤 해요. 계획을 세울 때는 신이 나요. 이것저것 다 하면서 멋진 어린이가 될 것 같거든요. 하지만 모든 일이 계획대로 흘러가진 않아요. 작심삼일은 단단히 마음을 먹어도 3일을 넘기기 힘들다는 뜻의 고사성어예요.

30 견물생심(見物生心)

#오빠의_선글라스 #나는_욕심쟁이_이루아

♥ 우리 가족 ♥ 👤 4

 로운

 아빠
로운이 멋진데? 연예인 같아.

 로운
오늘 할머니가 사 줬어. 😘

루아
나도! 나도 선글라스 갖고 싶어!

 엄마
견물생심! 로운이 선글라스 쓴 거 보니까
루아도 욕심나나 보네.

로운
너도 그럼 사 달라고 하든가.

이루아는 꼭 내가 가진 걸 탐내더라.

루아
쳇!

쉿! 루아의 마음 일기

할머니가 오빠한테 문구점에서 파는 선글라스를 사 주셨다. 문구점을 오가면서 몇 번 봤던 건데 막상 오빠가 쓴 걸 보니까 갖고 싶어졌다. 나도 사 달라고 졸라서 할머니랑 같이 문구점에 갔다. 그런데 선글라스 옆에 있던 목걸이가 눈에 들어왔다. 결국 선글라스가 아닌 목걸이를 사고 말았다.

똑똑 고사성어

見 物 生 心
볼**견** 만물**물** 날**생** 마음**심**

물건을 실제로 보면 가지고 싶은 욕심이 생긴다

누구나 좋은 물건을 보면 가지고 싶은 마음이 들 거예요. 이를 두고 견물생심이라는 말을 쓰지요. 자연스러운 마음이니 부끄러워할 필요는 없지만, 대신 제값을 내고 떳떳한 방법으로 물건을 얻는 것이 중요해요.

31 막상막하(莫上莫下)

루아
누가 이길지 궁금하네.

나도 구경 가야겠다.

유진
나도! 나도!

쉿! 루아의 마음 일기

갑자기 매운맛 대결이 펼쳐졌다. 민준이랑 송건오가 대결을 한단다. 나는 당연히 민준이 편이다. 송건오가 이기는 꼴은 절대 못 보니까. 결과는 무승부! 생각보다 시시하게 끝났다. 그날 이후로 민준이랑 송건오가 부쩍 친해 보였다. 매운 음식을 먹으면서 뭔가 통한 걸까.

똑똑 고사성어

莫 없을 막   **上** 위 상   **莫** 없을 막   **下** 아래 하

더 낫고 더 못함의 차이가 거의 없다

실력이 비슷한 두 사람이 겨루기를 하면 쉽게 승부를 낼 수 없어요. 누가 위이고 아래인지 나눌 수 없는 것이지요. 마치 축구 경기를 하는데 계속 무승부가 나오는 것과 같아요. 이런 경우를 두고 막상막하라고 한답니다.

32 환골탈태(換骨奪胎)

#내가_알던_시후가_아냐 #새로운_헤어스타일

시후 2

시후
루아야, 나 머리 잘랐어!

루아
정말?

시후

루아
헉! 완전 짧아졌네?

시후
응. 완전 **환골탈태**했지?
마음에 들어.

> 루아
> 훨씬 잘생겨 보여! 원래도 잘생겼지만. 🙂

시후
> 그럼 내일 수학 학원에서 직접 봐!

> 루아
> 나도 내일 새로 산 티셔츠 입고 학원 가야겠다.

루아의 마음 일기

시후가 머리를 짧게 잘랐다. 사진을 보고 깜짝 놀랐다. 솔직히 더 멋있어진 것 같았다. 시후가 계속 멋있어지면 어떡하지? 시후를 좋아하는 애들이 더 늘텐데······. 내가 이런 고민을 하니까 유진이가 웃었다. 나더러 콩깍지가 씌었다고 했다.

똑똑 고사성어

換 骨 奪 胎
바꿀 환 · 뼈 골 · 빼앗을 탈 · 아이 밸 태

좋은 방향으로 바뀌어 다른 사람이 된 듯하다

환골탈태는 태어날 때부터 이미 가지고 있었던 뼈와 태를 바꾼다는 뜻이에요. 그만큼 엄청난 변화를 꾀한다는 의미가 담겨 있지요. 대개 나은 방향으로 바뀌어서 아예 딴 사람이 되었다는 칭찬으로 쓰인답니다.

33 오월동주(吳越同舟)

#어제의_적은_오늘의_친구 #송건오_타도!

수빈 2

수빈
너 송건오 때문에 고사성어 공부한다며?

루아
응. 송건오 잘난 척하는 거 보기 싫어.

수빈
나도! 나도 지난번에 송건오한테 무시당함!

루아
어휴. 걔는 진짜 왜 그러냐?

수빈
그래서 말인데…… 고사성어 공부 같이 하자.
너랑 내가 사이가 좋은 건 아니지만,
이번만 힘을 합치는 거지. 어때?

루아
흠, 좋아.
이런 상황을 두고 쓰는 고사성어가 있었는데…….

수빈
오월동주!

> 루아
> 그래! 그거! 송건오를 무찌르기 위해
> 우리는 같은 배를 탄 거야.

쉿! 루아의 마음 일기

박수빈이 나한테 먼저 톡을 할 줄이야. 지난 속담 대회에서 내가 1등을 하고, 박수빈은 2등을 했었다. 그날 이후로 박수빈은 나만 보면 콧방귀를 끼고는 인사도 하지 않았다. 그런 사이였는데, 송건오 때문에 한편이 되었다. 지난번에 유진이, 예린이랑 결성했던 고사성어 공부 모임은 수다만 떨다 끝나서 결국 해체했다. 같이 공부할 새 친구가 생겼으니, 더 열심히 해야겠다.

똑똑 고사성어

吳 越 同 舟
나라 이름 오 넘을 월 같을 동 배 주

사이가 안 좋았더라도 서로 힘을 합쳐야 하는 상황이다

옛날 중국에 오나라와 월나라가 있었어요. 두 나라는 사이가 좋지 않았지요. 그런데 두 나라 사람이 같은 배를 타게 되었어요. 배를 타고 가는 길에 폭풍우를 만났지만, 둘은 힘을 합쳐 그 고난을 헤쳐 나갔어요. 이처럼 비록 사이가 좋지 않더라도 힘든 상황에서 서로 협력할 때 오월동주라는 말을 써요.

34 죽마고우(竹馬故友)

#이민준_배신이야 #송건오야?_나야?

민준 👤 2

루아
너 요새 송건오랑 매일 붙어 다니더라?

민준
응. 건오 되게 재밌어. 🙂

루아
이민준,
너 나랑 죽마고우 아니였어?

민준
죽마고우 맞지!
우리 유치원 때부터 친하게 지냈잖아.

루아
송건오가 고사성어 좀 안다고
나 무시한 거 잊었어? 😡

민준
그건 건오가 잘못한 게 맞아.
그래서 내가 뭐라고 했어.
너한테 친절하게 하라고 말이야.

루아
과연 송건오가 네 말을 들을까?

민준
난 건오를 믿어!

루아
그래. 나도 네 말을 믿어 볼게.

쉿! 루아의 마음 일기

민준이와 나는 유치원 때부터 알고 지낸 사이다. 그런데도 난 민준이를 잘 모르겠다. 갑자기 박수빈이랑 사귀지를 않나, 이젠 송건오랑 친구라고? 나랑 사이 안 좋은 애들하고만 골라 지내는 것 같다. 송건오는 여전히 별로지만, 민준이 말을 듣고 좀 지켜봐야 할 것 같다.

똑똑 고사성어

竹 馬 故 友
대죽 말마 옛고 벗우

어릴 때부터 같이 놀며 자란 친구

옛날에는 대나무로 말 모양의 장난감을 만들어 타고 놀았다고 해요. 여기서 나온 고사성어가 바로 죽마고우예요. 어릴 적 대나무 말을 타고 논 사이로, 그만큼 가까운 친구를 말하지요. 비슷한 고사성어로 '죽마교우(竹馬交友)', '죽마지우(竹馬之友)'가 있어요.

35 동병상련(同病相憐)

#시험_없는_세상에서_살고파 #우울할_땐_와플

♨ 영원한 삼총사 ♨ 3

유진
나 진짜 큰일났다.
수학 단원 평가 망침.

예린
난 국어. 😭

루아
난 둘 다 망쳤어. 😭

예린
이제 어쩌지?

유진
우리 다 **동병상련**이네.
기분도 별론데 와플 먹으러 갈까?

루아
와플 좋아!

예린
나도 와플 좋아!
이럴 땐 단 걸 먹어야 돼.

루아

같이 슬퍼할 수 있는 친구들이 있어서 좋다.

 유진

우리끼리라도 서로 위로해 주자.

오늘 집에 가면 부모님한테 잔소리 들을 텐데.

쉿! 루아의 마음 일기

오늘 유진이랑 예린이랑 와플을 먹으러 갔다. 바삭바삭하고 달콤한 와플을 먹는 순간만큼은 시험 점수를 잊을 수 있었다. 나는 수학 학원도 다니는데 왜 성적이 엉망일까? 시후랑 다녀서 그런가. 어쨌든 당분간은 집에서 공부하는 척이라도 해야겠다.

똑똑 고사성어

同 病 相 憐
같을 **동**　병들 **병**　서로 **상**　불쌍히여길 **련(연)**

어려운 처지에 있는 사람끼리 서로 가엾게 여기다

가끔 나와 비슷한 처지에 있는 사람을 보면 반가워요. 내가 어려운 상황에 빠져 있을 때는 더욱 그렇지요. 굳이 말하지 않아도 서로의 마음을 헤아릴 수 있기 때문이에요. 이럴 때 동병상련이라는 고사성어를 쓴답니다.

36 오십보백보(五十步百步)

#함부로_욕하지_않기 #둘_다_나빠

★ 4-1 친구들 ★ 👤 11

미주
오늘 도현이가 나한테 욕했어.

도현
나만 그런 거 아니야.
재하가 더 심했어!

재하
그거 욕 아니라 그냥 유행어야!

수빈
유행어라도 욕은 욕이지.

예린
그래. 오십보백보야.
둘 다 똑같이 나빠.

건오
오, 고사성어를 잘 아는 아이가 있었네?

유진
선생님이 교실에서 욕하지 말라고 하셨던 거, 잊었어?
내일 선생님께 다 말씀드릴 거야.

도현

야, 한 번만 봐줘라. 😂

루아
잘못해 놓고 봐 달라고 하면 다냐?

쉿! 루아의 마음 일기

오늘 김도현이랑 서재하가 나쁜 말을 썼다. 걔네는 욕이 아니라고 우겼지만, 욕보다 더 나빴다. 유진이가 선생님한테 모두 말했고, 김도현과 서재하는 미주에게 사과했다. 나도 예전에는 세 보이려고 나쁜 말을 썼었다. 하지만 이젠 안다. 그런 말은 다른 사람에게 상처를 주고, 나 자신에게도 좋지 않다는 것을.

똑똑 고사성어

五 十 步 百 步
다섯 오 열 십 걸음 보 일백 백 걸음 보

조금 낫고 못한 정도는 있어도 거의 차이가 없다

옛날에 전쟁에서 진 두 사람이 있었어요. 한 사람은 백 걸음을 도망쳤고, 다른 사람은 오십 걸음을 도망쳤다고 해요. 이에 중국의 학자 맹자는 말했어요. "누가 더 멀리 갔느냐가 아니라, 둘 다 도망쳤다는 사실이 중요하다." 얼마나 멀리 도망갔든 둘 다 비슷하게 비겁하다는 것이지요. 여기서 오십보백보라는 고사성어가 나왔어요.

37 유구무언(有口無言)

루아
할머니랑 평생 같이 살고 싶다.

로운
맞아. 한 달은 너무 짧아.

한 달만 더 계셨으면 좋겠다.

 루아의 마음 일기

그동안 할머니 핑계를 대고 엄마 아빠랑 정한 규칙을 다 어겼다. 할머니 뒤에만 숨으면 해결되었기 때문이다. 나도 내가 잘못했다는 걸 안다. 이제 2주가 더 지나면 할머니는 다시 집으로 가신다. 너무너무 아쉽다.

 똑똑 고사성어

有 口 無 言
있을 유   입 구   없을 무   말씀 언

변명할 말이 없다

사람에게는 입이 있어요. 그 입으로 여러 가지 말을 하지요. 하지만 말이 나오지 않는 순간이 오기도 한답니다. 큰 잘못을 했는데, 핑계 댈 말이 없을 때처럼요. 이럴 때를 두고 유구무언이라고 해요.

38 개과천선(改過遷善)

#그러면_그렇지 #너를_믿은_내가_바보

건오 👤 2

루아
송건오!
앞으로 나한테 말 걸지 마.

건오
나는 너랑 친해지려고 그런 거야.

루아
고사성어로 잘난 척하는 게 친해지려는 거야?

건오
나는 그냥 내가 아는 걸
너한테도 알려 주고 싶었어. 😎

루아
너 진짜 비호감이다. 😠
민준이랑 윤오 오빠 말만 듣고
네가 개과천선하길 기대했던 내가 바보다.

건오
바보까진 아니지만,
나보다 못하긴 하지.

루아
야!

건오
이루아랑 친해지기 참 어렵네.

루아
누가 할 말을!

쉿! 루아의 마음 일기

오늘 민준이랑 자전거를 타기로 했다. 약속 장소에 나가니 송건오도 와 있었다. 별로 내키진 않았지만, 같이 놀기로 했다. 그런데 송건오가 또 고사성어 실력 자랑을 시작했다. 나를 무시하는 말도 했다. 앞으로 송건오랑 잘 지내 볼 생각은 1도 없다.

 똑똑 고사성어

改 過 遷 善
고칠 개   지날 과   옮길 천   착할 선

지난날의 잘못을 고치고 올바르고 착하게 된다

사람은 누구나 잘못을 저지르거나 실수해요. 하지만 뉘우치고 반성하면서 앞서 저지른 잘못을 고쳐 나간다면 더 나은 사람이 될 수도 있어요. 개과천선은 그런 의미를 담고 있어요.

39 금상첨화(錦上添花)

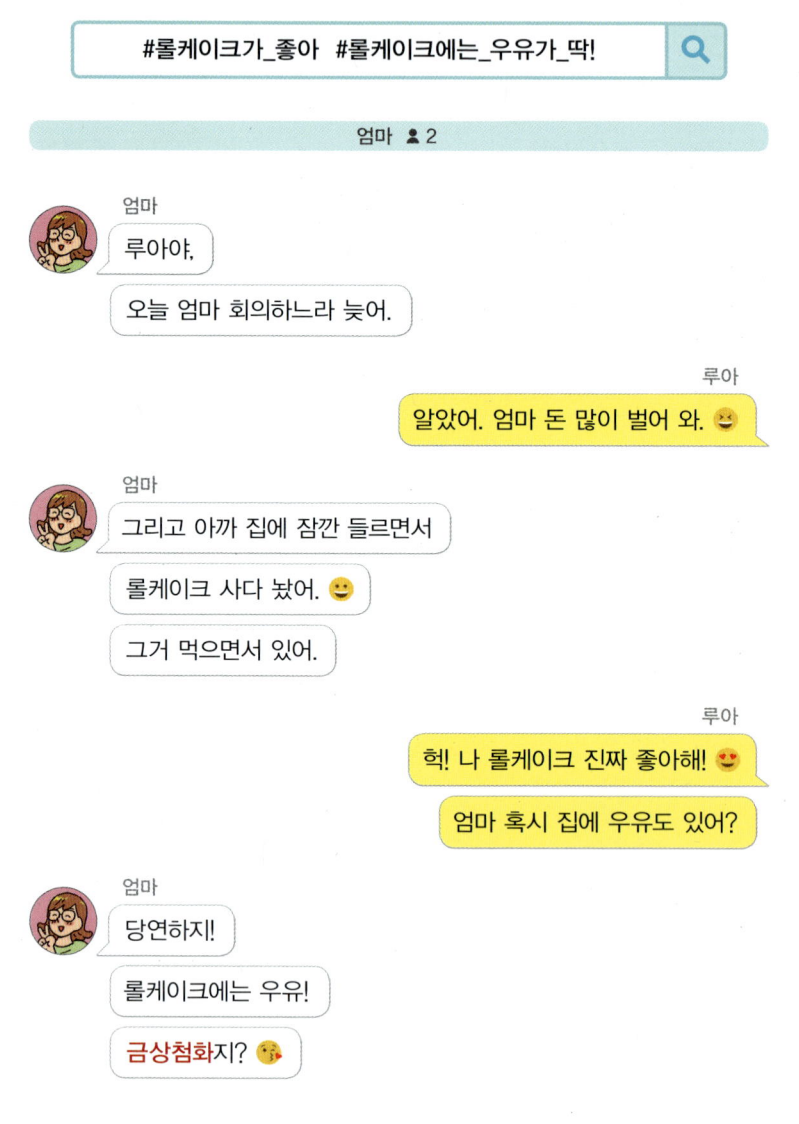

루아

> 응! 맛있는 것 더하기 맛있는 것은…
>
> 더 맛있는 것! 😫

쉿! 루아의 마음 일기

나는 롤케이크를 좋아한다. 촉촉하고 부드러운 롤케이크는 입안에서 사르르 녹는다. 속에 든 크림은 얼마나 달콤한지 모른다. 처음 롤케이크를 한입 베어 물었을 때 너무 맛있어서 놀랐다. 그래서 나는 생일 때 평범한 케이크 대신 롤케이크에 초를 꽂는다. 엄마가 롤케이크를 사다 놓으셨다니! 거기에 차가운 우유라니! 정말 행복했다.

똑똑 고사성어

錦 上 添 花
비단 **금**   위 **상**   더할 **첨**   꽃 **화**

좋은 일에 좋은 일이 더해진다

금상첨화는 비단(錦)에 꽃(花)이 더해진다는 뜻이에요. 부드럽게 빛나는 비단에 아름다운 꽃이라니, 좋은 것끼리 만났으니 얼마나 더 좋을까요? 금상첨화의 일을 겪게 된다면 마음껏 행복을 누리도록 해요.

40 고진감래(苦盡甘來)

#선생님도_한자가_어려워 #고생_끝에_낙

선생님 👤 2

선생님
요즘 루아가 고사성어 공부를 아주 열심히 한다며?

루아
그런 소문이 났어요?

선생님
건오도 자극받아서 열심히 공부하는 중이라던데?

루아
전 꼭 송건오를 이기고 말 거예요.
그런데 한자는 너무 어려워요. 😭

선생님
그래. 선생님도 가끔 한자가 어렵더라.

루아
진짜요?

선생님
그럼. 선생님도 항상 공부하는걸?

루아
선생님도 계속 공부를 하시는 줄은 몰랐어요.

선생님
고진감래라고 생각해.

공부는 힘들어도 그 과정을 잘 이겨 내면

보람찬 순간이 올 거야.

루아
네! 열심히 해 볼게요!

쉿! 루아의 마음 일기

사실 선생님을 무섭게만 생각했다. 반 아이들이 서로 싸우거나 시끄럽게 떠들 때면 선생님은 엄청 무섭게 변하신다. 지난번에 내가 송건오랑 싸웠을 때도 마찬가지였다. 하지만 고사성어를 외우기 시작한 뒤부터 선생님과 조금은 가까워진 것 같다.

똑똑 고사성어

苦 盡 甘 來
괴로울 고 　다할 진 　달 감 　올 래(내)

고생 끝에 즐거움이 온다

어떤 일이든 처음부터 잘할 수는 없어요. 방법을 배우거나 익숙해지려고 노력해야 해요. 그 과정이 좀 귀찮고 지치기도 하지만요. 고진감래는 쓴 것이 다하면 단 것이 온다는 뜻의 고사성어예요. 잘해 보고 싶은 일이 있다면, 좀 쓰고 괴롭더라도 참고 노력해 보세요. 달콤한 미래가 기다리고 있을지도 모르잖아요.

어린이의 매운맛을 보여 주마!

고사성어왕 Lv. 2

* 만화 속 고사성어의 빈칸을 완성해 보아요.

41 오비삼척(吾鼻三尺)

#예린이의_독서_노트 #만화책은_안_돼!

♨ 영원한 삼총사 ♨ 👤 3

루아
너희 독서 노트 다 썼어?

나 이제 하나 남음.

유진
나는 이미 다 썼지!

루아
역시 유진이. 부럽다!

예린
루아 너도 금방 다 할 수 있을 거야.

문제는 나야. **오비삼척**이라고.

난 하나도 못 썼거든.

루아
네가 너무 두꺼운 책을 골랐나 봐.

예린
만화책은 안 되겠지?

유진
당연히 안 되지.

루아
> 지금부터라도 얼른 읽어.

예린
> 알겠어. 😢

쉿! 루아의 마음 일기

내일 독서 노트를 걷는 날이다. 독서 노트에는 책 3권을 읽고 독후감을 써야 한다. 나는 고양이가 나오는 동화책 2권을 읽었다. 신나게 읽었는데, 막상 독후감을 쓰려니 어려웠다. 그냥 '재미있었다.'라고만 쓰면 안 되나. 그것 말고는 쓸 말이 없다. 오늘 저녁에 남은 하나를 마저 써야겠다.

똑똑 고사성어

吾 鼻 三 尺
나 오 　 코 비 　 석 삼 　 자 척

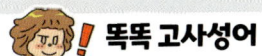

자기 사정이 급해서 남을 돌볼 겨를이 없다

척(尺)은 길이를 나타내는 단위를 말해요. 3척은 90센티미터 정도 된답니다. 코가 그렇게 커졌다면 정말 큰일이겠지요. 당장 옆에 있는 사람이 어려움에 처해 있어도, 내가 처한 상황이 곤란해서 그를 도와줄 수 없는 입장인 것이지요. 비슷한 속담으로 '내 코가 석자'가 있어요.

42 이열치열(以熱治熱)

#열이_펄펄 #아이스크림과_미역국

외할머니 2

루아
할머니, 나 감기 걸린 것 같아.

외할머니
어디가 어떻게 아파?

루아
몰라. 머리도 아프고, 열도 나.

외할머니
학원이지? 그냥 집으로 와.

루아
그럴까? 나 아이스크림 먹고 싶어.

외할머니
열날 때는 뜨거운 걸 먹어야 해.
이열치열이야.

루아
열나서 덥단 말이야.

외할머니
다 나으면 그때 아이스크림 사 줄게.

루아

일단 집으로 갈게.

그럼 나 미역국 먹을래.

 외할머니

응. 할머니가 지금 끓여 놓을게.

루아의 마음 일기

학원에 있는데 갑자기 열이 났다. 처음에는 시험 보기 싫어서 생긴 꾀병인 줄 알았다. 그런데 정말 이마에서 열이 펄펄 나는 거다. 나는 할머니한테 말하고 집으로 갔다. 할머니가 소고기를 잔뜩 넣은 미역국을 끓여 주셨다. 할머니의 미역국을 먹고 나니까 감기가 다 나은 것 같았다.

똑똑 고사성어

以 熱 治 熱
써 이   더울 열   다스릴 치   더울 열

열은 열로써 다스린다

우리 조상은 더운 여름일수록 뜨거운 음식을 먹으라고 했어요. 여름에는 땀을 많이 흘려서 소화 기관이 약해지기 때문에 찬 음식이 오히려 안 좋을 수 있거든요. 이열치열은 열은 열로써 다스리듯, 같은 성질을 가진 것으로 문제를 해결한다는 뜻이에요.

43 일사천리(一瀉千里)

#갑자기_분위기_바쁨? #일사천리의_이유

시후 2

시후
수학 숙제 다 했어?

루아
이제 2장 남았어!

시후
나는 1장! 😉
진짜 빨리 했지?
얼른 다 하고 너랑 놀러 가려고. 🙂

루아
나도 일사천리였어.
네가 갑자기 만나고 해서
머리 감고 옷 입고 숙제하고…….

시후
나도 내가 이렇게 수학 문제를
빨리 풀 수 있는 줄 몰랐어.

루아
나 그러면 10분 후에 나갈게! 😘

 시후
나도! 이따 공원 앞에서 봐.

루아
응! 우리 오늘은 아이스크림 사 먹자.

쉿! 루아의 마음 일기

시후가 갑자기 만나자는 연락을 했다. 하지만 바로 나갈 수는 없었다. 수학 학원 숙제를 해야 했기 때문이다. 그래서 숙제를 끝내 놓고 만나기로 했다. 원래 숙제할 때 시간이 엄청 오래 걸리지만, 시후랑 놀 생각을 하니 빨리 끝낼 수 있었다. 심지어 집중도 잘돼서 거의 틀리지 않았다. 다 시후 덕분이다.

똑똑 고사성어

一 瀉 千 里
하나 **일**   쏟을 **사**   일천 **천**   마을 **리**

어떤 일이 거침없이 빨리 진행되다

일사천리는 강물이 한번 흐르기 시작하면 막히지 않고 천 리를 흘러간다는 말이에요. 일이 어려움이 없이 잘 진행되거나, 말을 조리 있게 잘할 때 일사천리라는 말을 써요.

44 괄목상대(刮目相對)

#매일_한자_실력이_쑥쑥 #고사성어가_제일_쉬워

수빈 2

수빈
내일도 점심 먹고 같이 고사성어 공부할까?

루아
좋아!
그런데 너 너무 열심히 하는 거 아니야? 😀

수빈
처음엔 송건오가 얄미워서 시작했는데,
은근 재미있네. 😀

루아
나보다 한자도 훨씬 많이 알고!
괄목상대야.

수빈
괄목상대라.
비빌 괄! 눈 목!
눈을 비비고 상대를 본다?

루아
오! 고사성어만 말해도 한자 음이랑 뜻이 줄줄 나오네?

수빈
너야말로 괄목상대야!
언제 이렇게 한자가 늘었어?

루아
우리 둘 다 엄청 늘었지. 😎

쉿! 루아의 마음 일기

요즘 수빈이랑 고사성어 공부를 하고 있다. 나는 한자는 대강 외우는 편이다. 그런데 수빈이는 한자의 음과 뜻도 척척 외운다. 그래서 수빈이랑 같이 공부하면서 도움을 많이 받고 있다. 이 속도라면 송건오가 내 고사성어 실력을 보고 놀라 눈이 튀어나올 날도 얼마 안 남았다.

똑똑 고사성어

刮 目 相 對
비빌 괄　눈 목　서로 상　대답할 대

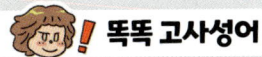

학식이나 재주가 놀랄 만큼 부쩍 늘었다

오랜만에 만난 친구가 갑자기 성적이 올랐거나, 못하던 것을 잘하게 되면 어떤 기분이 드나요? '내가 아는 그 친구가 맞나?' 어리둥절해하면서 눈을 비비게 될 거예요. 괄목상대는 눈을 비비고 상대를 본다는 뜻으로, 상대의 실력이 갑자기 늘어서 놀랐을 때 쓰는 감탄의 표현이에요.

45 선견지명(先見之明)

#예언자_유진 #무엇이든_맞혀_보세요

유진 👤2

루아
유진아 너 요즘 장난 아니야. 😨

유진
내가? 뭐?
아, 오늘 숙제 검사 안 하는 거랑
예린이가 고백받은 거 맞혔다고?

루아
거기다 오늘 비 오는 것까지 맞혔잖아!

유진
이게 바로 **선견지명**이랄까? 😎

루아
미리 앞을 내다본다고?

유진
숙제 검사는 오늘 수업 진도 빨리 나가야 해서
건너뛸 것 같았고,
민세가 예린이 좋아하는 건
예전부터 알고 있었어.

루아
> 비 오는 건?

유진
> 일기 예보 봤지. 😀

루아
> 그래도 대단해.
> 앞으로 널 예언자 유진이라고 부를 거야!

쉿! 루아의 마음 일기

유진이에게 새로운 별명을 붙여 주었다. 예언자 유진! 유진이가 말을 했다 하면 정말로 그 일이 일어난다. 그래서 나는 유진이에게 소원을 빌기로 했다. 무슨 소원을 빌었냐면…… 비밀이다. 소원이 이루어지면 그때 일기에 다시 쓸 거다.

똑똑 고사성어

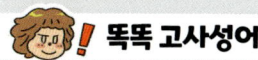

먼저 선   볼 견   갈 지   밝을 명

일이 일어나기 전에 미리 앞을 내다보고 아는 지혜

미래에 일어날 일을 미리 아는 능력이 생기면 어떨까요? 선견지명은 그 같은 지혜를 가리키는 고사성어예요. 미래에 필요한 발명품을 만드는 일도 선견지명이라고 하지요.

46 침소봉대(針小棒大)

#다시_나타난_귀신! #너무_너무_무서워!

★ 4-1 친구들 ★ 👤 11

도현
나도 귀신 봤어. 복도에서…….

민준
히익! 진짜야? 😨

수빈
거 봐, 또 나타났잖아.
거짓말 아니라니까!

건오
어이, **침소봉대**하지 마.
그림자 같은 거 보고 부풀리는 거 아냐?

도현
진짜라니까!
아, 울고 싶다. 😭
그런데 **침소봉대**가 무슨 말이냐?

루아
작은 일을 막 떠벌린다고.

도현
작은 일? 억울하다. 억울해! 😭

 예린
우리 학교에 진짜 귀신이 있나 봐.

쉿! 루아의 마음 일기

지난번에 수빈이가 교실에서 귀신을 보았다. 그 후로 귀신 이야기는 쏙 들어갔었는데, 이번에는 도현이가 복도에서 귀신을 보았다고 한다. 송건오는 그럴 리 없다고 그림자라고 우겼다. 이번만큼은 나도 송건오 말을 믿고 싶다. 진짜 귀신이 있는 걸까? 무섭다.

똑똑 고사성어

針 小 棒 大
바늘 **침**   작을 **소**   몽둥이 **봉**   큰 **대**

작은 일을 크게 부풀려 떠벌린다

바늘은 아주 가늘고 작아요. 하지만 이 작은 바늘을 커다란 몽둥이라도 된 양 부풀려 말한다면, 그건 허풍이 되겠지요. 이렇게 별것도 아닌 일을 과장해서 말하는 사람에게 침소봉대한다고 해요.

47 주객전도(主客顚倒)

#여기는_봄이네 #침대_좀_빌려주세요

시후 👤 2

시후
나 너희 집 고양이 보고 싶어.

루아
봄이? 사진 보여 줄까?

시후
응! 😍

루아

시후
헉! 너무 귀엽다.
봄이가 저 침대 주인 같은데? 🙂

루아
맨날 봄이가 내 침대에 저렇게 누워 있어.

시후
주객전도야. 😊

침대 주인은 따로 있는데, 봄이가 누워 있네.

루아

황당하지?

사실 그래서 더 귀여워. 😍

쉿! 루아의 마음 일기

처음 봄이가 우리 집에 왔을 땐 낯설고 겁이 나서 소파 밑에 들어가 나오지 않았다. 그런데 이제는 집 전체가 봄이의 놀이터다. 밤에는 꼭 내 침대에 와서 누워 있다. 나는 그런 봄이가 참 귀엽다. 침대에서 봄이랑 같이 노는 시간이 하루 중 제일 즐겁다.

! 똑똑 고사성어

主 客 顚 倒

주인 **주**　손님 **객**　머리 **전**　거꾸로 **도**

주인과 손님의 위치가 서로 바뀌었다

주객전도는 주인(主)과 손님(客)의 위치가 전도, 즉 뒤바뀌었다는 뜻이에요. 사람의 역할뿐만 아니라 어떤 상황의 앞뒤가 바뀌었을 때도 주객전도라는 표현을 써요.

48 명약관화(明若觀火)
49 명명백백(明明白白)

#그게_어떤_팔찌인데! #나의_닮은꼴_예지

♨ 영원한 삼총사 ♨ 3

예린
루아야! 오늘 너네 집에서 자도 돼?
나 진짜 폭발함. 😠

루아
헉! 무슨 일이야? 😨

예린
우리 우정 팔찌가 사라졌어.

루아
잃어버렸어? 😭

예린
명약관화야.
불 보듯 뻔해. 예지가 범인이야.
예지 친구가 그 팔찌를 찬 예지를 본 적이 있대.

루아
친구가 봤다니 명명백백하네.

유진
우리 우정 팔찌를…….
속상하다. 😭

루아의 마음 일기

예린이에게는 예지라는 동생이 있다. 예지는 우리 집으로 따지자면 마치 '나' 같다. 오빠가 먹는 것, 오빠가 가진 것은 모조리 탐내는 나! 예지는 자꾸 예린이 물건을 몰래 가지고 나간다고 한다. 그때마다 예린이는 화가 나서 어쩔 줄을 몰라 한다. 우리 우정 팔찌가 사라졌다니, 그건 나도 좀 속상하다.

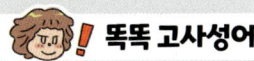
똑똑 고사성어

明 若 觀 火
밝을 명 같을 약 볼 관 불 화

분명하고 뻔하다

명약관화는 불을 보는 것과 같다는 뜻의 고사성어예요. 어둠 속에서는 뭐가 뭔지 잘 모르지만, 불이 켜지면 확실히 구분할 수 있는 것처럼 어떠한 사실이 명확할 때 써요.

明 明 白 白
밝을 명 밝을 명 흰 백 흰 백

의심할 것 없이 아주 뚜렷하다

배경이 하얗다면 무엇이든 또렷하게 잘 보이겠지요. 어떠한 일의 결과나 옳고 그름이 의심할 여지 없이 매우 뚜렷할 때, 명명백백하다고 해요.

50 청출어람(靑出於藍)

#만두_빚기_고수 #나만의_만두_비법

♥ 우리 가족 ♥ ▲ 4

루아

아까 할머니랑 만두 빚었다!

엄마
진짜 우리 루아가 만든 거야?

아빠
잘 빚었는데? 할머니가 알려 주셨어?

루아
응! **청출어람**!

할머니 만두보다도 예쁘지?

아빠
얼른 집 가서 만두 먹고 싶다.

루아
히히. 아빠 만두 남겨 놓을게!

엄마
엄마 만두도!

 로운
내 만두도!

루아
알았어. 😊

쉿! 루아의 마음 일기

할머니가 만두를 빚으셨다. 나도 옆에서 구경하다가 만두 빚는 법을 배웠다. 만두피가 얇아서 구멍이 나지 않게 조심해야 했지만, 많이 어렵지는 않았다. 나는 만두를 10개나 빚었다. 내가 만든 거라 그런가, 더 맛있었다.

똑똑 고사성어

靑 出 於 藍
푸를 **청**   날 **출**   어조사 **어**   쪽 **람**

스승보다 제자가 더 낫다

쪽은 염료를 만드는 식물이에요. 쪽에서는 짙은 푸른색을 뽑아낼 수 있지요. 청출어람이란, 쪽은 식물에 불과해도 쪽에서 나오는 염료는 푸르르다는 뜻이에요. 스승에게 얻은 배움으로 그 제자가 더 뛰어난 사람이 되었다는 의미가 담겨 있어요.

51 다재다능(多才多能)

#축제_시작! #유진이는_재능왕

★ 4-1 친구들 ★ 👤 11

유진
우리 축제 때 뭐하지?

루아
작년엔 합창했으니까…….

민준
이번에는 춤을 추자! 🙂

수빈
케이 팝 댄스 잘하는 애 있어?

예린
유진이가 잘 춰!
굿보이즈 팬이잖아.

미주
채유진?
책만 읽는 줄 알았는데? 😮

예린
유진이 진짜 **다재다능**해.
못하는 게 없다니까!

건오
케이 팝 댄스는 좀 뻔하다.

루아
나는 케이 팝 댄스 찬성!

 준수
그럼 학급 회의 시간에 이야기해 보자.

쉿! 루아의 마음 일기

드디어 축제가 코앞으로 다가왔다. 학급 회의 시간에 여러 의견이 나왔는데, 결국 케이 팝 댄스를 추기로 결정했다. 유진이가 잠깐 시범을 보여 주었다. 유진이의 춤 실력을 본 아이들은 모두 깜짝 놀랐다. 결국 유진이가 센터와 리더를 맡기로 했다.

똑똑 고사성어

多 才 多 能
많을 다 / 재주 재 / 많을 다 / 능할 능

재주와 능력이 여러 가지로 많다

재주가 많은 사람이 있어요. 그런 사람들을 보면 신기하기도 하고, 부럽기도 해요. 하지만 자세히 살펴보면 나에게도 생각보다 많은 재주가 있다는 사실을 알 수 있답니다. 비슷한 고사성어로 '팔방미인(八方美人)'이 있어요.

52 동분서주(東奔西走)

#아빠도_아플_때가_있다 #아빠_힘내세요!

아빠 2

루아
아빠 어디 아파?

아빠
조금 피곤해. 괜찮아.
오늘 회사 갔다가, 출장 갔다가
좀 바빴어.

루아
출장? 멀리 갔어?

아빠
응. 차 타고 멀리 갔다 왔지.
오늘 하루 종일 동분서주했어.

루아
동분서주?
동쪽에 갔다, 서쪽에 갔다 그랬어?

아빠
응. 🙂
거의 그랬어.

루아
그럼 발 아프겠다.
얼른 자.

아빠
 루아가 걱정해 주니까
피로가 눈 녹듯 사라지네.

쉿! 루아의 마음 일기

오늘 아빠가 퇴근하고 들어왔는데, 얼굴이 엄청 피곤해 보였다. 저녁을 먹으면서도 계속 하품을 하고, 텔레비전을 켜 놓고 꾸벅꾸벅 졸기도 하셨다. 봄이는 아빠 무릎에 올라가서 꾹꾹이를 했다. 회사에서 아빠에게 일을 조금만 시키면 좋겠다.

똑똑 고사성어

東 奔 西 走
동녘 **동**　달아날 **분**　서녘 **서**　달릴 **주**

사방으로 이리저리 몹시 바쁘게 돌아다니다

쉴 틈 없이 동쪽으로 뛰고 서쪽으로 뛴다면 정말 바쁘겠지요? 동분서주는 아주 바쁘게 이곳저곳을 돌아다닌다는 뜻의 고사성어예요. 비슷한 속담으로 '동에 번쩍 서에 번쩍'이 있지요.

53 무념무상(無念無想)

#민준이와의_화해 #어쨌든_친구

민준 2

민준
요즘 왜 나랑 같이 자전거 안 타?

루아
새 친구 송건오랑 놀아라! 😡

민준
너무하네. 난 너랑 자전거 타는 거 좋은데.

루아
왜?
내가 아이스크림 사 줘서?
내가 웃겨서?

민준
아니. 부모님 때문에 힘들 때 너랑 있으면……
무념무상, 아무 생각 안 하게 돼서 좋아.

루아
뭐야. 너 지금 어딘데?

민준
사실 너희 집 앞이야!

루아
조금만 기다려. 할머니한테 말하고 나갈게.

민준
좋아! 😊

쉿! 루아의 마음 일기

오래만에 민준이랑 자전거를 탔다. 우리는 자전거를 타고 산 아래 공원을 구불구불 돌았다. 공기가 상쾌했다. 송건오랑 친하게 지내는 민준이한테 섭섭한 마음이 드는 건 사실이다. 하지만 같이 놀다 보니까 그 마음도 잊어버리게 되었다. 우리는 친구니까!

똑똑 고사성어

無 念 無 想
없을 **무**　생각할 **념**　없을 **무**　생각 **상**

아무런 생각도 하지 않는다

불교에서 무념무상은 모든 것을 잊은 상태를 말해요. 심지어 나 자신조차도 말이에요. 그럴 때 걱정이나 괴로움에서 벗어날 수 있다고 해요. '멍 때린다.'라는 말이 있지요? 그 말처럼 무념무상은 아무 생각 없이 편히 있는 상태를 말한답니다.

54 상부상조(相扶相助)

#돕고_돕는_마음 #오늘의_나를_칭찬해

선생님 2

선생님
오늘 루아가 아픈 친구 도와줬다며?

루아
갑자기 재하가 배 아프다고 해서
보건실에 같이 갔어요.

선생님
정말 잘했어, 루아야. 👍

루아
예전에 제가 넘어졌을 때
재하가 부축해 줬거든요.
그때 재하한테 도움받았던 게 생각났어요. 🙂

선생님
상부상조했네.
서로서로 돕는다는 뜻의 고사성어야.

루아
상부상조! 알아요!

선생님
앞으로도 친구들과
상부상조하고 지내면 좋겠구나.

루아
네! 당연히 그래야죠!

쉿! 루아의 마음 일기

오늘 재하가 배가 아프다고 수업 시간 내내 엎드려 있었다. 다른 애들은 설사병에 걸렸다며 재하를 놀렸지만, 나는 내가 다쳤을 때 재하가 도와줬던 일이 생각났다. 그래서 재하를 데리고 보건실에 갔다. 재하는 약을 먹고 금방 나았다. 재하가 고맙다며 아이스크림을 사 줬다. 다행히 설사병은 아니었나 보다.

똑똑 고사성어

相 扶 相 助
서로 **상** 도울 **부** 서로 **상** 도울 **조**

서로서로 돕다

혼자 힘으로만 해결하기 힘든 일이 있어요. 그런 일이 생겼을 때는 주변 가족이나 어른, 친구의 도움을 받곤 하지요. 반대로 내가 다른 사람에게 도움을 주기도 하고요. 이처럼 서로 도움을 주고받는 상부상조가 이루어지면 마음이 뿌듯하고 따뜻해진답니다.

55 의기양양(意氣揚揚)

#송건오의_어깨가_으쓱으쓱 #그게_그렇게_대단해?

수빈 2

수빈
오늘 학교에서 송건오 봤어?
한자 급수 시험 합격했다고 완전 의기양양하더라.

루아
정말?

수빈
응. 어깨가 으쓱해서
하늘로 올라갈 것 같더라고.

루아
분하다!

수빈
우리도 얼른 공부하자!

루아
좋아! 수빈이 너랑 같이 공부해서 든든해!
그런데 한 달에 100개는 무리 같아.
점점 자신감 하락.

수빈
아니야!
루아 너 잘하고 있어!

루아
위로해 줘서 고마워.
나도 한자 급수 시험 알아봐야겠다.

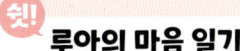
루아의 마음 일기

오늘 송건오의 기분이 좋아 보였다. 남자아이들에게 빵도 사 주고, 알 수 없는 한자를 평소보다도 더 나불거렸다. 한마디로 정말 꼴불견이었다. 알고 보니 한자 급수 시험을 통과했다는 거다. 그게 어려운 시험인가? 나도 자극을 받아 공부를 더 열심히 했다.

똑똑 고사성어

意 氣 揚 揚
뜻 **의**   기운 **기**   오를 **양**   오를 **양**

뜻한 바를 이루어 만족한 마음이 얼굴에 나타나다

평소 바랐던 일이나 목표를 이루게 된다면 하늘을 나는 것처럼 기쁘겠지요? 의기양양은 그런 기분을 표현한 고사성어예요. 비슷한 고사성어로 '득의양양(得意揚揚)'이 있답니다.

56 야단법석(惹端법석)

#5분의_마법 #못_말리는_우리

★ 4-1 친구들 ★ 11

유진
오늘 선생님 많이 화나셨어.
내일부터는 조심하자.

민준
선생님 그렇게 화난 모습 처음이었어.

루아
선생님이 잠깐 교무실 가신 사이에 엉망이 됐지.

건오
너희 진짜 **야단법석**이었어.

미주
딱 5분 얘기했는데?

건오
복도까지 우리 반 떠드는 소리 다 들렸어.

예린
그러게. 다른 반 선생님이 들어올 줄은 몰랐음.

루아
송건오 너는 안 떠든 것처럼 말한다?

건오
나는 선비처럼 우아하게 말했지.
떠들진 않았어.

루아
어휴. 송선비님 나셨네.

쉿! 루아의 마음 일기

오늘 수업 시간에 선생님이 잠깐 교무실에 가셨다. 딱 5분이었다. 선생님이 교실에서 나가자마자 반 아이들이 뛰어다니고 소리를 지르기 시작했다. 나도 유진이 자리로 가서 막 떠들었다. 마치 쉬는 시간 같았다. 결국 옆 반 선생님이 우리를 조용히 시키셨다. 당연히 엄청 혼이 났다. 나도 내가 왜 그랬는지 모르겠다.

똑똑 고사성어

惹 端 법 석
이끌 **야**   바를 **단**

많은 사람이 모여들어 떠들썩하고 부산스럽게 군다

예전에는 부처님 말씀을 듣기 위해 많은 사람이 야외에 모이곤 했어요. 조용히 부처님의 가르침을 받던 자리를 야단법석이라고 했지요. 하지만 지금은 정신없이 시끄럽고 부산스럽다는 의미로 바뀌었답니다.

57 박학다식(博學多識)

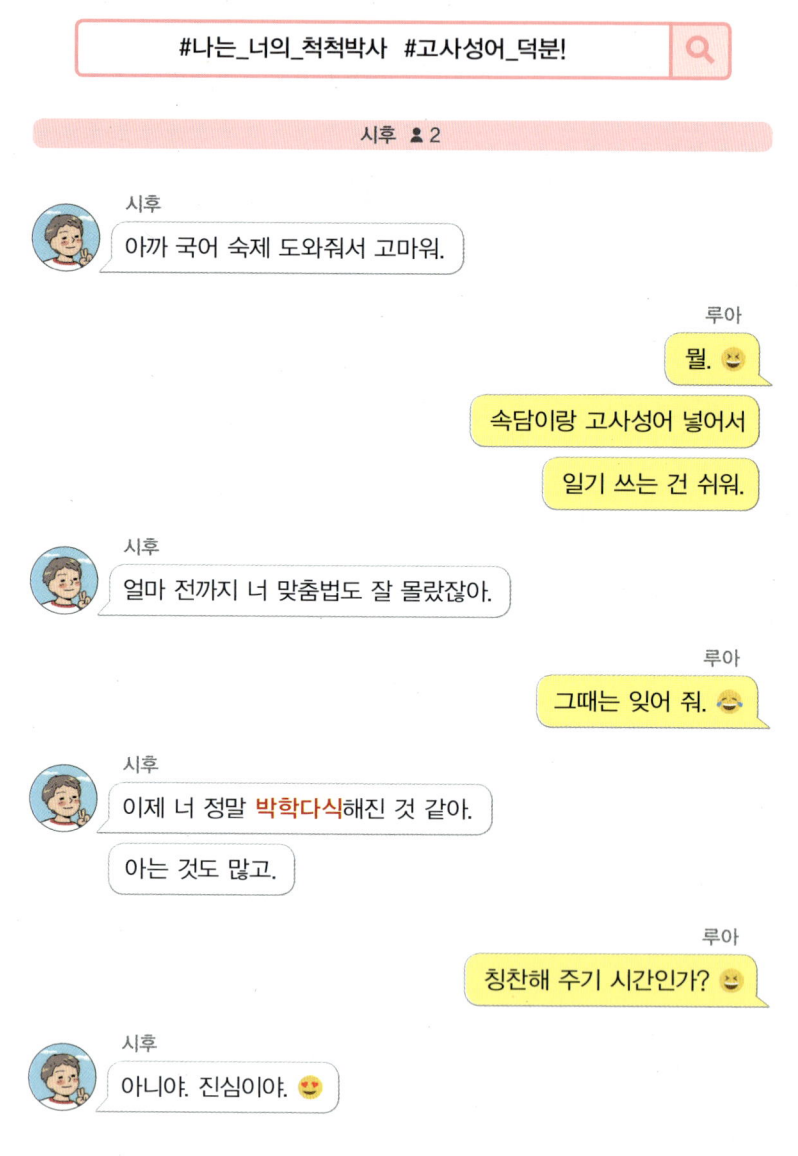

루아
박학다식하다는 말은 마음에 들어.
고사성어 100개 외우기로 한 거 잘한 것 같아!

 시후
나도 고사성어 공부해야겠다.

쉿! 루아의 마음 일기

　수학 학원이 끝나고 시후랑 편의점에 갔다. 그런데 시후가 계속 한숨만 쉬는 거다. 국어 숙제가 너무 어렵다고 했다. 숙제가 뭔지 물어보니까 속담과 고사성어로 일기 쓰기였다. 그건 나한테 식은 죽 먹기다. 내가 숙제를 도와주었더니 시후가 엄청 감동받았다. 오늘은 내가 봐도 나 좀 멋있었다.

똑똑 고사성어

넓을 **박**　배울 **학**　많을 **다**　알 **식**

학식이 넓고 아는 것이 많다

열심히 공부하는 사람은 많은 지식을 쌓게 돼요. 여러 분야의 책을 읽거나 좋은 스승을 만나도 그렇게 되지요. 이렇게 학식, 즉 학문과 지식이 뛰어난 사람을 두고 박학다식하다고 해요.

58 함흥차사(咸興差使)

#엄마를_찾습니다   #워킹_맘의_고충

♥ 우리 가족 ♥ 👤 4

아빠
그런데 엄마는 어디 갔어?

전화해도 안 받네?

로운
아까 쓰레기 버리러 가는 거 같던데?

루아
아니야. 쓰레기 버리고 들어왔었어.

식빵 사러 다시 나간 것 같은데?

아빠
그래? 왜 안 들어오지?

함흥차사네.

루아
함흥냉면은 아는데, 함흥차사는 뭐야?

로운
함흥은 북한에 있는 도시야.

루아
엄마가 북한까지 갔다는 건가? 😰

아빠
아니. 어디로 갔는지 소식이 없다는 뜻이야. 😄

루아
어! 지금 엄마 들어왔다!

쉿! 루아의 마음 일기

　엄마는 함흥이 아니라 빵집에 간 게 맞았다. 식빵을 사 가지고 오다가 주차장에 들렀다고 한다. 차에 두고 온 물건이 있어서였다. 그리고 차 안에서 잠이 들어 버리셨다. 엄마는 요즘 야근을 많이 하신다. 외할머니도 매일 엄마를 걱정하신다. 그래서 내일은 엄마의 몸보신을 위해 삼계탕을 먹기로 했다.

! 똑똑 고사성어

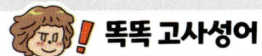

咸 興 差 使
다 **함**　일어날 **흥**　어그러질 **차**　부릴 **사**

나간 사람이 소식이 없거나 답이 없다

조선의 태조 이성계는 아들 태종에게 왕위를 물려주고 함흥으로 떠났어요. 사실 태종에게 단단히 화가 났기 때문이지요. 그래서 태종이 보낸 차사(안부를 묻는 신하)를 가두거나 죽였어요. 이때 함흥에 간 차사가 소식이 없다는 뜻으로 함흥차사란 고사성어가 생겨난 거예요.

59 호가호위(狐假虎威)

#호랑이의_힘을_빌린_여우 #네가_민트초코_매니저냐?

★ 4-1 친구들 ★ 👤 11

수빈
김도현!
진짜 너희 삼촌이 연예인 매니저야?

도현
그렇다니까. 민트초코 소속사에서 일해.

민준
우아, 나 민트초코 누나들 진짜 좋아해!

루아
나도!
사인 좀 받아 줘! 😊

도현
흠, 그러면 누가 내 사회 토론 숙제 대신 해 줄래?
아니면 내일 급식에 나오는 탕수육 줄 사람?
그것도 아니면, 사인 한 장당 오천 원!

루아
듣자 듣자 하니까, **호가호위**하냐?
네 삼촌이 매니저지, 네가 매니저도 아니고!

126

도현
이루아 넌 사인 받기 싫으면 관둬! 😒

루아
치사해서 안 받는다!

쉿! 루아의 마음 일기

민트초코는 요즘 인기 있는 걸 그룹이다. 나도 민초를 좋아한다. 그런데 김도현네 삼촌이 민초 매니저라는 거다! 그 얘기를 듣자마자 반갑기도 하고 신기하기도 해서 가슴이 뛰었다. 그런데 김도현이 민초 사인을 핑계로 거들먹거리는 걸 보고 기분이 상했다. 김도현 때문에 민초도 싫어지려고 한다.

똑똑 고사성어

狐 여우호 **假** 거짓가 **虎** 범호 **威** 위엄위

남의 권세를 빌려 위세를 부리다

호랑이가 배고파서 여우를 잡았어요. 죽고 싶지 않은 여우는 옥황상제가 자신을 짐승의 우두머리로 삼았다고 우겼지요. 호랑이는 여우의 말을 듣고, 여우를 앞세워 숲으로 나갔어요. 그런데 동물들이 여우를 보고 무서워하며 도망치는 것이 아니겠어요? 사실 여우가 아니라 여우 뒤에 서 있는 호랑이를 보고 도망친 것이었어요. 여우가 호랑이의 권세를 빌려 거들먹거린 데서 호가호위라는 말이 생겨난 거예요.

60 다정다감(多情多感)

#예린이가_이상해 #세상_다정이_다_사라졌나?

♨ 영원한 삼총사 ♨ 👤 3

예린
나 어제 송건오랑 놀았어.

루아
뭐라고? 왜?

예린
건오가 몇 번 나를 도와줬는데,
고마워서 내가 아이스크림 샀어.

루아
송건오가 널 도와줬다고? 😨

유진
헉. 그런 일이 있었어?

예린
응.
건오 은근 다정다감하던데?

루아
다정다감? 마음이 따뜻하다고?
말도 안 돼!

유진

송건오가 그런 애인 줄은 몰랐네.

루아
오 마이 갓. 그럴 리 없어!

쉿! 루아의 마음 일기

예린이가 송건오랑 아이스크림을 먹으며 놀았다고 했다. 심지어 송건오가 다정다감하다고까지 했다. 내가 아는 송건오는 다정하기는커녕 아주 뻔뻔하고 못됐다. 민준이에 이어서 예린이까지 송건오랑 친해지다니. 점점 더 송건오가 얄미워진다.

똑똑 고사성어

多 情 多 感
많을 다　뜻 정　많을 다　느낄 감

정이 많고 감정이 풍부하다

다정하고 배려를 잘하는 사람을 만나면 마음이 편해요. 그런 친구가 내 곁에 있다면 든든하겠지요? 하지만 그 전에 내가 나에게 다정다감한 사람이 되어 주면 어떨까요? 자신의 마음을 잘 헤아리는 사람이 되도록 해요.

어쩌다 마주친 전학생 ①

* 만화 속 고사성어의 빈칸을 완성해 보아요.

61 삼고초려(三顧草廬)

#봄이의_마음을_얻는_법   #세_번은_만나기!

수빈 2

수빈
오늘 너희 집에서 놀아서 재밌었어!
다음에도 너희 집에서 고사성어 공부하자!

루아
좋아!
우리 할머니도 너 또 데려오래. 😊

수빈
그런데 봄이 말이야,
나 싫어하는 것 같아. 😂

루아
아니야.
봄이랑 친해지려면 **삼고초려**해야 해.

수빈
삼고초려?
세 번은 만나야 하는구나?

루아
맞아! 😊 봄이가 좀 도도하거든.

수빈
그럼, 다음에 만나면 더 친해질 수 있겠다!

나 다음 주에 또 놀러 가도 돼?

루아
다음 주? 좋아!

쉿! 루아의 마음 일기

수빈이가 우리 집에 놀러 왔다. 고사성어를 공부하기 위해 만난 거였지만, 우리는 공부 대신 과자를 먹으며 수다를 떨었다. 그런데 봄이는 수빈이를 보고 낯설어 했다. 수빈이는 엄마랑 길고양이 사료를 챙겨 줄 만큼 고양이를 좋아한다고 했다. 수빈이가 그렇게 멋진 아이인지 몰랐다. 갑자기 수빈이가 더 좋아졌다.

똑똑 고사성어

석**삼**   돌아볼**고**   풀**초**   농막 **려(여)**

원하는 사람을 얻으려면 정성을 다해야 한다

중국 삼국 시대의 황제 유비는 자신을 도와줄 인재를 찾았어요. 마침 뛰어난 학식으로 유명한 제갈공명이 있었는데, 유비는 그에게 자신의 신하가 되어 달라고 부탁하기 위해 세 번이나 찾아갔다고 해요. 이를 두고 삼고초려라는 말이 나왔답니다.

62 난공불락(難攻不落)

#똑똑_엄마의_마음 #오빠의_노력

♥ 우리 가족 ♥ 👤 4

로운
엄마, 나 요즘 진짜 열심히 공부 중이야.

루아
진짜 오빠 장난 아니야.

아빠
게임기 때문에 공부하는 거 아니야?

로운
그렇긴 한데…….
그런데 이번에 게임기 사 주면
더 열심히 공부할게.

엄마
흠…….😫

로운
엄마 마음은 **난공불락**이야.
열기 힘들어. 😭

엄마
정말 그렇게 생각해?

로운
날 못 믿는 건 이해해.

하지만 한 번만 더 기회를 줘.

엄마
음, 엄마가 며칠 더 고민해 볼게.

루아의 마음 일기

오빠의 말대로 엄마의 마음은 난공불락이다. 아주 단단하고 무거워서 무슨 일이든 쉽게 허락하지 않는다. 하지만 오빠는 자신의 잘못된 점을 고치려고 노력했다. 그래서인가, 드디어 엄마가 단단하게 쌓아 올렸던 마음의 벽을 허물고 게임기를 사 주기로 했다! 그 이야기를 듣자마자 나는 오빠랑 같이 비명을 질렀다. 신난다!

똑똑 고사성어

難 攻 不 落
어려울 **난**   칠 **공**   아닐 **불(부)**   떨어질 **락(낙)**

공격하기가 어려워 쉽게 함락되지 않는다

옛날에는 전쟁을 해서 적의 성을 침략했어요. 하지만 적의 병력이 강하거나 성이 높고 단단하면 쉽게 함락시킬 수 없었지요. 이러한 상대, 또는 상황을 두고 난공불락이라고 해요. 비슷한 말로 '철옹성(鐵甕城)'이 있답니다.

63 속전속결(速戰速決)

#달라진_우리_오빠 #내가_게임_중독?

로운 2

로운
오늘 새 게임기 온대!

루아
벌써? **속전속결**이네.
왜 이렇게 빨리 와?

로운
어제 아빠가 **속전속결**로 주문해 줬어.
오늘 게임기 오면 난 딱 1시간만 할 거야.

루아
오빠가 웬일이야?
진심?

로운
응! 이제 난 완전 달라졌어!

루아
그런 것 같네.
내가 아는 이로운 맞아?

로운
주말에는 1시간 30분만 할 거다!

루아
오빠가 게임을 짧게 하면
그만큼 내가 할 시간이 늘어난다는 거네?

루아의 마음 일기

드디어 새 게임기가 왔다. 오빠는 정말 1시간만 하고 게임기를 껐다. 갑자기 사람이 이렇게 달라질 수 있다니, 신기했다. 그런데 이젠 내가 게임에 중독된 것 같다. 나는 게임을 하고 또 했다. 고사성어 공부 해야 하는데 큰일이다.

똑똑 고사성어

速 戰 速 決
빠를 속 싸울 전 빠를 속 결정할 결

어떤 일을 빨리 결정하다

속전속결에는 두 가지 뜻이 있어요. 하나는 어떤 일을 빨리 진행해서 끝낸다는 뜻이고, 다른 하나는 싸움을 오래 끌지 않고 몰아쳐 승부를 본다는 뜻이에요.

64 오합지졸(烏合之卒)

#리더_유진의_고충 #엉망진창_4학년_1반

유진 2

유진
나 진짜 피곤함. 😅
축제 때 우리 케이 팝 댄스 하기로 했잖아.
나 빼고 다 **오합지졸**이야.

루아
다들 춤을 배운 적이 없어서
엉망인가 봐.

유진
루아야,
너 댄스 팀 안 들어올래? 😭

루아
나 고사성어 공부하느라 바빠.
송건오를 이겨야 한다고!
초조해. 😰

유진
아, 그렇지…….
그럼 예린이한테 물어볼까?

루아
> 그래. 예린이가 좀 몸치이긴 한데, 연습하면 될 거야.

유진

> 축제 때 우리 반 어떡해. 😭

 루아의 마음 일기

내가 봐도 유진이네 댄스 팀은 오합지졸이다. 줄도 하나도 안 맞고, 박자도 엉망이다. 리더인 유진이는 한숨만 쉰다. 나도 댄스 팀에 들어가서 유진이를 돕고 싶지만, 요즘 너무 바쁘다. 학원도 다니는 데다가, 시후도 만나야 하고, 고사성어 공부도 있다. 멀리서 응원해 주는 수밖에 없다. 유진이 파이팅!

##

烏 合 之 卒
까마귀 오 합할 합 갈 지 마칠 졸

질서 없이 모여 있는 무리

오합지졸은 까마귀 떼처럼 질서 없이 모여 있는 병사라는 뜻이에요. 군대에서 훈련이 덜 된 병사를 가리키는 말이었지요. 비슷한 고사성어로 '오합지중(烏合之衆)'이 있어요.

65 일거양득(一擧兩得)
66 일석이조(一石二鳥)

#수학_성적이_쑥쑥 #추억도_차곡차곡

시후 2

루아
나 수학 점수 많이 올랐어!
아빠가 잘했다고
다음에 너랑 같이 놀이공원 데려가 준대!

 시후
진짜? 우리 놀이공원 또 가는 거야? 😎

루아
응! 처음엔 학원 다니기 싫었는데,
학원 다니면서 성적도 오르고,
너도 만날 수 있어서 이젠 좋아.

 시후
일거양득이네! 😀

루아
응! 비슷한 고사성어가 또 있지.
일석이조! 😀

시후
이번에 놀이공원 가면
회전목마도 타자.

루아
좋아! 두 번 타자!

쉿! 루아의 마음 일기

나는 수학을 싫어한다. 하지만 오로지 시후를 보겠다는 이유 하나만으로 수학 학원을 다니기 시작했다. 그런데 학원을 다니면서 수학 공부를 하다 보니 성적이 점점 올랐다. 신기했다. 덕분에 수학이 아주 조금은 좋아졌다.

똑똑 고사성어

一 擧 兩 得
하나 일 들 거 두 양(량) 얻을 득

**한 가지 일을 하여
두 가지 이익을 얻다**

'꿩 먹고 알 먹기', '누이 좋고 매부 좋다'라는 속담이 있어요. 한 번에 두 가지 이익을 얻는다는 뜻이지요. 위의 속담을 고사성어로 옮기면 일거양득이 된답니다.

一 石 二 鳥
하나 일 돌 석 두 이 새 조

**동시에 두 가지
이득을 보다**

일석이조는 하나(一)의 돌(石)로 두(二) 마리 새(鳥)를 잡는다는 뜻이에요. '일거양득'과 마찬가지로 두 가지 이득을 한꺼번에 본다는 의미를 갖고 있지요.

67 견원지간(犬猿之間)

#개와_원숭이의_사이 #우리는_물과_기름

수빈 2

루아
오늘 송건오 만났는데,
고사성어 100개 다 외웠냐면서 비웃었어! 😫

수빈
헉! 그래서 뭐라고 했어? 😮

루아
100개는 옛날에 다 외웠다고 큰소리쳤지.

수빈
우리 아직 60개밖에 못 외웠잖아.

루아
너무 화가 나서 아무 말이나 했어. 😭

수빈
걔랑 우리는 **견원지간**인 것 같아.

루아
맞아. **개와 원숭이처럼 사이 완전 안 좋아!**

수빈
그런데 건오는 고사성어 많이 외웠겠지?

루아
> 아마도…….
> 우리도 얼른 공부하자!
> 걔한테 질 수 없어!

쉿! 루아의 마음 일기

송건오가 고사성어는 외우고 있냐면서 시비를 걸기에 나도 지지 않고 따졌다. 그러다가 내가 실수로 고사성어를 틀리게 말했는데, 엄청 크게 비웃었다. 얼굴이 빨갛게 달아올랐다. 송건오와 고사성어 대결을 하기로 한 날짜가 점점 다가온다. 꼭 이기고 말 거다.

똑똑 고사성어

犬 猿 之 間
개 견 원숭이 원 갈 지 사이 간

서로 사이가 나쁘다

예부터 개와 원숭이는 사이가 나쁘다는 이야기가 있었어요. 그래서 서로 사이가 안 좋은 사람들을 두고 개와 원숭이 사이 같다는 뜻으로 견원지간이라는 고사성어를 쓰는 거예요.

68 동문서답(東問西答)

#오랜만에_민준이랑 #호떡보다_고소한_소식

민준 2

루아
뭐함?

우리 새 게임기 샀는데 하러 올래?

민준
오, 진짜? 😮

루아
응! 할머니가 호떡도 한댔는데,
먹을 거지?

민준
할머니도 게임하신다고?

루아
아니! 할머니가 너 오면 호떡 구워 준다고.
왜 동문서답이야.
내 말 제대로 안 듣냐?

민준
미안. 나 화장실이 급해서. 😅

루아
화장실 얼른 갔다가 우리 집으로 와!

민준
응. 금방 갈게. 🙂

루아
이따 봐! 🙂

쉿! 루아의 마음 일기

오늘 민준이랑 같이 게임도 하고 호떡도 먹었다. 그리고 민준이한테 호떡보다 고소한 이야기를 들었다. 송건오가 복도에서 뛰다가 선생님한테 혼이 났다는 거다. 그 장면을 내가 직접 봤어야 했는데! 혼나는 송건오를 상상하느라 게임에서 지긴 했지만, 기분은 좋았다.

똑똑 고사성어

東 問 西 答
동녘 동　물을 문　서녘 서　대답할 답

물음과는 전혀 상관없는, 엉뚱한 대답을 하다

동문서답은 동쪽이 어디냐고 묻자 서쪽을 알려 준다는 뜻이에요. 물어본 것과 전혀 다른 대답을 해 준 것이지요. 질문을 이해하지 못했거나, 일부러 대답을 틀리게 해 주었을 때, 두 가지 경우에 쓰여요.

69 요지부동(搖之不動)

#갑자기_야구? #나는_아빠를_닮았나_봐

♥ 우리 가족 ♥ 👤 4

루아
아빠 칼국수 먹으러 안 가?

엄마
응. 야구 봐야 한대.

로운
그러면 할머니랑 우리만 간다?

엄마
요지부동이야. 말해도 소용없어.
고집은 세 가지고…….

로운
그래! 우리끼리만 가자! 😉

루아
아빠만 두고 나가기 좀 그래.
우리 짜장면 배달시켜 먹자.

아빠
헉, 우리 딸!
역시 우리 루아밖에 없어.

루아

히히. 나밖에 없지?

대신 나 탕수육 먹을 거야.

엄마

루아 때문에 봐주는 줄 알아!

중국집에 전화할게.

 루아의 마음 일기

　아빠는 우리 집에서 소문난 고집쟁이다. 갑자기 고집을 부리면 요지부동! 아무도 못 말린다. 그럴 때마다 엄마는 화를 내며 답답해한다. 문제는 나도 아빠의 그런 성격을 닮았다는 거다. 그래서 나는 아빠가 고집을 부릴 때면, 아빠 편이 되어 준다.

 똑똑 고사성어

搖 之 不 動
흔들릴 **요**　갈 **지**　아닐 **부(불)**　움직일 **동**

흔들어도 꼼짝하지 않는다

어떤 달콤한 말에도 흔들리지 않는 사람이 있어요. 여기서 나온 말이 요지부동이에요. 이런 사람들은 아주 곧고 단단한 사람처럼 보여요. 하지만 요지부동은 말이 통하지 않거나, 고집이 센 사람에게 쓰이기도 한답니다.

70 양두구육(羊頭狗肉)

#강시후_말고_김시후 #분노_유발_캐릭터

시후 2

시후
또 드라마 봄?

루아
응. 이건 초등학생도 볼 수 있는 거야.
그런데 아주 나쁜 남자가 나와.
완전 겉 다르고 속 다르다니까!

시후
양두구육이네.
양의 머리를 걸어 놓고 개의 고기를 파는…!

루아
맞아. 남들 앞에서는 순한 외모로 착하게 구는데
뒤에서 나쁜 짓을 저질러.
그런데 그 캐릭터 이름이 시후야.

시후
뭐야. 나랑 이름이 같아?
별로다.

루아
> 강시후 말고 김시후!

시후
> 성은 달라서 다행이네. 😄

루아
> 응! 그리고 강시후는 착하니까!

쉿! 루아의 마음 일기

요즘 푹 빠져서 보는 드라마가 있다. 아마 우리 반 애들도 거의 다 볼 거다. 바로 <순한 양 같은 남자>이다. 하지만 제목이랑 반대로 '순한 양 같은 남자'는 사실 아주 나쁜 사람이다. 매일 여자 주인공을 울린다. 오늘은 또 어떤 나쁜 짓을 할지 할머니랑 같이 봐야겠다.

똑똑 고사성어

羊 頭 狗 肉
양 **양**　머리 **두**　개 **구**　고기 **육**

겉으로 그럴듯하게 보이지만 속은 전혀 다르다

양의 머리를 걸어 놓고 고기를 파는 가게가 있어요. 당연히 양고기를 파는 곳이라고 생각하겠지요. 하지만 양고기가 아니라 개고기를 팔고 있다면, 속은 기분이 들 거예요. 양두구육은 겉으로만 그럴듯하고 속은 변변치 않거나, 속마음이 나쁜 경우를 가리키는 고사성어예요.

71 연목구어(緣木求魚)

#댄스_팀_해체_위기 #내가_나서야_할_때인가

유진 2

유진
루아야, 도와줘!
네가 필요해!

루아
나? 😆

유진
댄스 팀 애들 때문에 진짜…… 죽겠어. 😭
연습도 안 하면서 1등 할 생각이나 하고.
나무에서 물고기를 구하는 것 같아. **연목구어야.**

루아
물고기를 구하려면 강으로 가야지.

유진
그래서 그 강을 찾아왔어.
네가 나의 강이야. 🥺

루아
어휴, 알았어.
내가 도와줄게.

유진: 너밖에 없어.

이번 주 수요일에 학교 끝나고 모여.

루아: 알았어!

나만 믿어! 😊

쉿! 루아의 마음 일기

고사성어 외워야 하는데, 댄스 팀에 들어가게 됐다. 내가 봐도 댄스 팀 아이들은 연습도 하지 않고 놀기만 한다. 그래서 내가 호랑이 선생님이 되기로 했다. 오랜만에 소리를 꽥꽥 지르면서 애들과 연습했다. 역시 나는 소리를 질러야 에너지가 충전되나 보다.

똑똑 고사성어

緣 木 求 魚

인연 **연**　나무 **목**　구할 **구**　물고기 **어**

도저히 불가능한 일을 굳이 하려고 한다

연목구어는 나무에 올라가서 물고기를 구한다는 뜻이에요. 물고기를 구하려면 강이나 바다에 가는 게 맞겠지요. 나무에서는 물고기를 한 마리도 잡을 수 없어요. 이처럼 방법이 아예 틀렸거나 불가능한 일을 하려고 할 때 쓰는 말이랍니다.

72 진수성찬(珍羞盛饌)

로운
나도 찬성!

아빠
다들 그렇게 생각한다니 어쩔 수 없군.
다음 주를 기대하시라!

루아
아빠, 다음 주에는 닭볶음탕!

🤫 루아의 마음 일기

　오늘은 토요일. 아빠가 요리를 하셨다. 아빠는 젊었을 때 한식 요리사 자격증을 땄다고 했다. 지금은 소파 회사에 다니시지만 말이다. 아빠는 가끔 예전에 배웠던 요리를 해 주시곤 하는데, 오늘은 갈비찜과 잡채였다. 너무 많이 먹어서 지금도 배가 터질 것 같다.

 ! 똑똑 고사성어

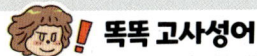

珍　羞　盛　饌
보배 진　바칠 수　성할 성　반찬 찬

푸짐하게 잘 차린 맛있는 음식

진귀하고 성대한 상차림을 진수성찬이라고 해요. 맛있는 음식이 한가득 차려진 밥상을 보면 침이 꼴깍 넘어가지요? 비슷한 뜻의 고사성어로 '산해진미(山海珍味)'가 있어요.

73 삼삼오오(三三五五)

#바쁘다_바빠 #선생님의_응원!

선생님 👤 2

선생님
루아도 댄스 팀 들어갔다며?

루아
헉! 유진이한테 들으셨어요? 😮

선생님
아까 **삼삼오오** 연습하러 가는 걸 봤어. 😃

루아
삼사오오요?

선생님
여러 명이 모여 다닌다는 뜻의 고사성어야.

루아
아아. 오늘도 고사성어 하나 배웠어요! 😃

선생님
고사성어 공부하랴, 춤 연습하랴, 루아 바쁘네.

루아
저 엄청 바빠요!
그런데 고사성어 공부 꽤 재밌어요.

선생님

선생님도 둘 다 기대하고 있을게.

너무 무리하지는 말고.

루아

걱정 마세요!

전 춤이랑 고사성어 둘 다 해낼 자신 있어요!

쉿! 루아의 마음 일기

요즘 나는 최고로 바쁜 것 같다. 춤 연습도 해야 하고, 수학 학원도 가야 하고, 고사성어도 외워야 한다. 또 봄이도 돌보고, 할머니랑 드라마도 본다. 하지만 바빠도 요즘이 제일 행복하다. 이것저것 다 열심히 할 수 있으니까! 선생님이 나를 응원해 주셔서 힘이 난다.

똑똑 고사성어

三 三 五 五
석삼 석삼 다섯오 다섯오

서너 사람이나 여러 사람이 떼를 지어 다니며 일을 하다

삼삼오오는 그 수처럼 셋에서 넷의 사람을 뜻해요. 서너 명씩 모여 흩어져 있거나, 어떤 일을 하기 위해 무리 지어 다니는 모습을 이르는 말이랍니다.

74 인산인해(人山人海)

#시후의_태권도_시범 #시후에게_또_반하다

시후 2

루아
시후야!
너 태권도 시범 하는 거 봤어! 🙂
진짜 진짜 멋있더라!

시후
사범님이 갑자기 나 시키셔서
조금 긴장했어. 헤헤. 😖

루아
그런데 구경 온 사람 진짜 많더라. 😨

시후
나도 놀랐어. 완전 **인산인해**.
우리 태권도장에
그렇게 사람이 많았던 적은 처음이야.

루아
거의 다 네 팬클럽이었어.
시후 너는 왜 이렇게 인기가 많은 거야. 😫

시후

부끄럽다. 😳

그래도 난 루아 네가 제일 좋아!

루아

알아! 지켜보고 있어.

루아의 마음 일기

오늘 시후네 태권도장에 놀러 갔다. 태권도 시범을 보이는 행사를 한다고 하기에 간 거였는데, 이미 태권도장은 발 디딜 틈 없이 사람들로 가득했다. 대부분 시후를 보러 온 팬들인 듯했다. 오 마이 갓! 그런데 태권도를 하는 시후는 내가 봐도 정말 멋있었다.

똑똑 고사성어

人 山 人 海

사람 인   뫼 산   사람 인   바다 해

사람이 수없이 많이 모이다

인산인해는 사람이 산을 이루고 바다를 이룬다는 뜻이에요. 그만큼 사람이 어마어마하게 모여 있다는 것이지요.

75 사족(蛇足)

#잘해_주려고_한_건데 #망한_시리얼

로운 2

루아
부엌에 시리얼 타 놓은 거 오빠 거야?

로운
응. 내 거야. 건들지 마.
그거 먹고 영어 온라인 수업 들을 거야.

루아
내가 더 맛있게 만들어 줄게.
나만 믿어.

로운
왠지 불길하니까 아무 짓도 하지 마!

루아
내가 인터넷에서 본 거야.
시리얼 더 맛있게 먹는 방법!

로운
난 그냥 먹는 게 좋다고!

루아
헉! 내가 설탕을 너무 많이 넣었나 봐.

로운
이미 맛있는데 왜 설탕을 넣냐! 그건 **사족**이야!

너 때문에 내 시리얼 망했어.

루아
미안해…….

쉿! 루아의 마음 일기

나는 그저 오빠한테 맛있는 시리얼을 타 주고 싶었을 뿐이다. 가끔은 나도 오빠한테 잘해 주고 싶다. 그런데 실수로 설탕이 쏟아졌다. 오빠는 투덜거리면서 시리얼을 다시 만들어 가지고 방으로 들어갔다. 화가 났나? 괜히 나도 속상했다.

똑똑 고사성어

蛇　足
뱀**사**　　발**족**

쓸데없는 군짓을 하여 도리어 잘못되게 하다

뱀은 몸을 덮은 비늘로 미끄러지듯 땅을 기거나 나무를 오르는 동물이에요. 발은 없지만, 어려움 없이 이동할 수 있지요. 그런데 뱀에게 발을 덧붙여 그려 주면 어떨까요? 소용없는 짓이겠지요? 사족은 여기서 나온 고사성어랍니다.

76 대기만성(大器晚成)

#오래_걸리는_이유 #큰_그릇_만드는_중

수빈 2

루아
나 오늘 송건오한테 한 방 먹였다!

수빈
어떻게?

루아
화장실 갔다 오다가 복도에서 마주쳤는데
나한테 똥도 오래 싼다고 놀리는 거야.

수빈
어휴, 안 봐도 뻔해. 😡

루아
그래서 내가 송건오한테 그랬지.
나는 **대기만성**하는 사람이라
무슨 일을 하든 오래 걸리지만, 결국 멋있게 이룬다고.

수빈
화장실에서 **대기만성**이라니.
웃겨. 😂
하긴, 너 맞춤법이랑 속담도 결국에는 다 익혔잖아.

루아

응! 고사성어도 대기만성으로 마스터하겠어! 💪

두고 봐, 송건오.

수빈

나도! 💪

루아의 마음 일기

쉬는 시간에 한자를 외우는데 머리가 아파 왔다. 옛날 우리 조상들은 한자를 썼다는데, 이 어려운 걸 왜 썼을까? 그래서 세종 대왕님이 한글을 만드셨나 보다. 화장실에 다녀오면서 송건오에게 한 마디 쏘아 주고 나니 속이 시원했다. 머리가 맑아지면서 다시 한자가 잘 외워졌다.

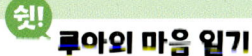
똑똑 고사성어

大 器 晚 成
큰 대   그릇 기   늦을 만   이룰 성

크게 될 사람은 늦게 이루어진다

작은 그릇을 만드는 시간보다 큰 그릇을 만드는 시간이 당연히 더 오래 걸리겠지요. 마음을 급하게 먹는다고 되는 일도 아니고요. 대기만성은 오랫동안 노력한다면 그 일이 꼭 이루어진다는 좋은 뜻을 가지고 있어요.

77 반신반의(半信半疑)

#반쪽짜리_믿음 #이제는_내가_게임_중독?

♥ 우리 가족 ♥ 4

엄마
요즘 로운이가 정말 게임도 적당히 하고, 성적도 올랐네. 🙂

아빠
그러게. 아빠는 처음에 반신반의했는데 말이야.

로운
나를 반만 믿고 반은 의심했다는 거야?

루아
나도 그랬어!
오빠 게임 중독이었잖아.

엄마
우리 로운이 진짜 자랑스럽다. 🙂

아빠
그런데 요즘은 루아가 게임을 너무 많이 해.

엄마
안 그래도 엄마도 그 말 하려고 했어.

루아
나 요즘 스트레스 받는단 말이야.

엄마
그래도 게임은 하루에 1시간만 하자.

루아
알겠어.

쉿! 루아의 마음 일기

오빠는 게임 중독이었지만, 이제 아니다. 내가 봐도 신기하다. 대신 내가 게임 중독에 빠지고 말았다. 어제는 시후랑 같이 게임을 했다. 시후랑 하니까 훨씬 재미있고, 시간도 잘 갔다. 어쨌든 엄마가 1시간만 하라고 하셨으니까 노력해 봐야겠다.

똑똑 고사성어

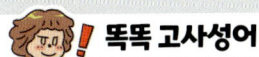

半 信 半 疑
반 반 / 믿을 신 / 반 반 / 의심할 의

얼마쯤 믿으면서도 한편으로는 의심한다

어떤 이야기는 쉽게 믿어지지 않을 때가 있어요. 말하는 상대가 의심스럽거나, 상황이 이상할 때 주로 그렇지요. 이렇게 의심이 되거나 진짜인지 판단하기 힘든 상황을 두고 반신반의한다고 해요.

78 기우(杞憂)

#하늘이_무너지거나 #땅이_꺼지거나

이모 2

루아
이모, 봄이가 너무 걱정돼. 😢

이모
왜? 무슨 일 있어?

루아
아니, 내가 요즘 보는 웹툰이 있는데
그게 고양이를 키우는 사람 이야기거든?

이모
어머, 이모도 그 웹툰 알아!
얼마 전에 고양이가 죽었잖아. 😢

루아
나도 갑자기 봄이가 죽을까 봐 걱정돼. 😢

이모
그건 **기우**야.
봄이는 아직 어리고 건강하잖아.

루아
쓸데없는 걱정 맞지?

 이모
그럼!
봄이는 앞으로 15년은 더 살 거니까,
걱정 마!

루아
봄이랑 평생 같이 살고 싶어!

쉿! 루아의 마음 일기

봄이는 나에게 정말 소중하다. 봄이가 죽는 일은 상상하기도 싫다. 그런데 이모 말을 듣고 마음을 바꾸었다. 지금은 봄이랑 행복하게 지낼 생각만 할 거다. 그래서 오늘은 자기 직전까지 봄이와 놀았다. 봄이가 건강하게 오래오래 살았으면 좋겠다.

똑똑 고사성어

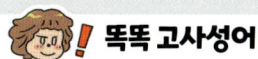

소태나무 **기**   근심 **우**

앞일에 대해 쓸데없는 걱정을 하다

옛날 중국 기나라에 걱정 많은 사람이 살았어요. 그는 하늘이 무너지면 어쩌나 걱정을 하느라 잠도 못 자고 밥도 못 먹었다고 해요. 여러분이 보아도 아주 쓸데없는 걱정이지요? 이런 상황을 기우라고 한답니다.

79 유유상종(類類相從)
80 초록동색(草綠同色)

#친구의_친구 #우리가_친구인_이유

★ 4-1 친구들 ★ 👤 11

준수

어제 떠들어서 혼난 사람 송건오랑 이민준 맞지?

민준

게임 이야기 조금 한 건데…….

도현

너희 둘이 너무 시끄러워. **유유상종**이야.

민준

우리의 우정을 욕하지 마라!

건오

김도현 너는 서재하랑 초록똥색이잖아.

도현

초록똥색? 그게 뭔데? 😠

루아
초록동색. 🙂
너네도 비슷한 애들끼리 어울린다는 뜻이야.

유진
친구의 친구 욕하지 않기!

예린
옳소! 옳소!

쉿! 루아의 마음 일기

쉬는 시간이나 급식 시간이 되면 누가 누구랑 친한지 다 보인다. 서로 비슷한 점이 있고 편하니까 친구가 되는 것 같다. 나는 예린이랑 유진이, 그리고 수빈이랑 친하다. 민준이와도 가끔 자전거를 타고, 시후는 내 남자 친구다. 유유상종! 초록동색! 마음에 드는 고사성어다. 결국 친한 사람들끼리 통한다는 뜻이기 때문이다.

 똑똑 고사성어

類 類 相 從
무리 유(류) 무리 유(류) 서로 상 좋을 종

**같은 무리끼리
서로 사귀다**

유유상종은 비슷한 사람들이 모여서 사귀며 무리를 이룬다는 뜻이에요. 보통은 끼리끼리 논다는 뜻으로 무리 전체를 낮추어 부를 때 쓴답니다.

草 綠 同 色
풀 초 초록빛 록 같을 동 빛 색

**처지가 같은 사람이
함께 어울리다**

초록동색은 풀색과 녹색은 서로 같은 색이라는 뜻으로, 처지가 같은 사람들이 모임을 의미해요. 비슷한 속담으로 '가재는 게 편'이 있어요.

어쩌다 마주친 전학생 ②

* 만화 속 고사성어의 빈칸을 완성해 보아요.

속전○결로 얼른 사서 나오려 했는데 벌써 시간이…….

아이고, 무슨 비가 이렇게 많이 오나.

삼삼오○ 지나가는 애들이 우리 루아 또래들 같네.

루아랑 로운이 배고프겠다. 얼른 가서 진수성○ 차려 줘야지.

아이고, 무릎이야.

81 사면초가(四面楚歌)

#할머니가_다치다 #누가_할머니를_도와줬다고?

외할머니 2

루아
할머니, 괜찮아?

외할머니
괜찮아.
발을 헛디디는 바람에 넘어졌어.

루아
헉. 안 다쳤어?

외할머니
비도 오는데 넘어져서 무릎이 아픈 거야.
장바구니도 다 쏟아지고.
너무 곤란해서 **사면초가**였어.

루아
누구 도와줄 사람도 없었어?

외할머니
다행히 루아 같은 학교 친구가 도와줬어.

루아
우리 학교 친구? 누구?

외할머니
건우라고 했던가?

아니, 건호?

루아

설마······

송건오? 😧 😧

🆕 루아의 마음 일기

할머니가 슈퍼를 갔다가 넘어지셨다. 무릎이 까지고 멍이 들었다. 비도 오는 데다가 장 본 물건들도 다 쏟아져서 매우 놀라셨다고 한다. 그때, 송건오가 나타나서 할머니를 도와줬다는 거다. 송건오가 우리 할머니를? 깜짝 놀랐다.

❗ 똑똑 고사성어

四 面 楚 歌
넉 **사**   낯 **면**   가시나무 **초**   노래 **가**

아무에게도 도움을 받지 못하고 곤란한 상황에 빠지다

중국 초나라에 항우라는 장군이 있었어요. 항우는 한나라 군대와 전쟁을 벌이게 되었지요. 그러다가 적군에게 동서남북 네 방향을 모두 포위당하는 위기에 빠졌어요. 이런 상황을 사면초가라고 해요. 결국 항우는 전쟁에서 지고 말았어요.

82 결초보은(結草報恩)

#은혜를_잊지_않겠다 #원수냐_은혜냐

건오 2

루아
송건오
네가 우리 할머니 도와줬다며?

건오
그분이 너희 할머니셨구나?
비도 많이 오고, 정신없어 보이셔서 도와드렸어.

루아
흠. 😅 고마워!

건오
고마우면 은혜를 갚아야지.
결초보은! 몰라?

루아
결초보은이거든?

건오
고사성어 공부 좀 했나 보네. 😏
대결이 기대돼.

> 루아
> 누가 할 소리!
> 당장 내일 대결해도 내가 이길 수 있어.

 건오
> 두고 보자, 이루아. 😎

쉿! 루아의 마음 일기

송건오에게 고맙다고 했다. 그런데 고마운 마음은 5분도 가지 않았다. 송건오가 또 살살 약 올렸기 때문이다. 할머니 일만 아니었어도 가만있지 않았을 텐데! 어쨌든 송건오에게 은혜를 입긴 했으니…… 고사성어 대결에서 좀 봐줄까? 아니다. 대결은 대결! 정직하게 맞서야지.

똑똑 고사성어

結 草 報 恩
맺을 **결**　풀 **초**　갚을 **보**　은혜 **은**

은혜를 잊지 않고 갚다

결초보은을 한자 그대로 풀어서 설명하면 풀을 묶어서 은혜를 갚는다는 뜻이에요. 중국 진나라의 장군 위과가 적군과 싸우던 중, 적장이 풀을 엮은 끈에 발이 걸려 넘어지고 말았어요. 위과에게 은혜를 입었던 노인이 그를 돕기 위해 풀을 묶어 두었던 것이지요.

83 어부지리(漁夫之利)

#오늘의_메뉴 #나의_최애_반찬은?

시후 2

시후
오늘 우리 학교 급식 치킨이었어!

루아
우아, 부럽다.
나도 치킨 먹고 싶다. 😂

시후
그런데 우리 반 애 둘이 싸우는 거야.

루아
헉. 급식실에서? 😨

시후
응. 걔네가 밥 먹다 싸우러 나간 덕분에
남은 치킨은 내가 다 먹었지. 😁
어부지리했어.

루아
잘했네! 🙂
우리는 오늘 고등어구이 나왔는데!
난 생선 좋아하지만, 고등어는 싫어.

시후

루아는 고등어를 싫어함.

기억해 둘게! 🙂

쉿! 루아의 마음 일기

시후랑 나는 매일 그날의 급식 메뉴에 대해 이야기한다. 시후는 치킨을 제일 좋아하고, 두 번째로 미니 돈가스를 좋아한다. 나는 짜장밥이랑 치킨, 삼겹살을 좋아한다. 싫어하는 반찬은 같다. 가지무침! 그래도 우리 둘 다 골고루 먹으려고 노력하는 편이다. 가끔 시후네 학교랑 우리 학교 급식 메뉴가 같으면 신기하다. 내일은 무슨 반찬이 나올까?

똑똑 고사성어

漁 夫 之 利

고기 잡을 **어**　　남편 **부**　　갈 **지**　　이로울 **리(이)**

두 사람이 서로 싸우는 사이에 엉뚱한 사람이 이익을 가로채다

도요새가 배가 고파서 가리비를 먹으려고 그 안에 부리를 넣었어요. 그런데 가리비가 껍데기를 꽉 다물어 버리지 뭐예요. 도요새는 부리를 물린 채로 낑낑댔어요. 그 틈을 타 어부가 도요새와 가리비를 둘 다 잡았다는 데에서 어부지리라는 말이 나왔답니다.

84 초지일관(初志一貫)

#승부는_승부! #초지일관의_어린이

수빈 👤 2

수빈
그래서 송건오랑 화해했어? 😯

루아
몰라. 😢 그냥 인사는 하는 사이야.

수빈
너희 할머니도 도와드렸다니,
고맙긴 하다.
그러면 고사성어 대결은 없던 일로 하는 거야?

루아
아니! 고마운 건 고마운 거고,
대결은 대결이지! 😗

수빈
역시 이루아! 😄
초지일관으로 가자!

루아
응! 처음 뜻대로 밀고 나가야지.

176

수빈
나 자꾸 너한테 반하는 것 같아. 😊

루아
내가 좀 멋있지? 😘

그럼 오늘은 어떤 고사성어를 공부해 볼까?

쉿! 루아의 마음 일기

선호가 할머니를 노와순 일로 선호에 대한 화는 많이 풀렸다. 하지만 승부는 승부! 고마운 건 고마운 거고, 고사성어는 고사성어다! 선생님과 약속했으니까 고사성어 100개 외우기 대결은 그대로 하기로 했다. 건오에게 은혜를 갚는다고 져 주거나 하지는 않을 거다. 그건 송건오도 원하지 않을 것 같다.

똑똑 고사성어

初 志 一 貫
처음 초 뜻 지 하나 일 꿸 관

처음에 세운 뜻을 끝까지 밀고 나가다

새해가 되거나 방학을 맞으면 계획을 세워요. 물론 계획을 다 이룰 수 있는 건 아니지요. 하지만 자신의 계획을 바꾸거나 포기하지 않고 끝내 이루는 사람이 있다면 초지일관이라는 고사성어로 표현할 수 있어요.

85 완벽(完璧)

#내게는_완벽한_사람! #완벽하지_않아도_완벽해

엄마 2

루아
엄마, 할머니랑 시후랑 영화 보러 가도 돼?

엄마
그래? 무슨 영화 볼 건데? 🙂

루아
아직 안 정했어. 😣

엄마
우리 루아는 시후를 정말 좋아하는구나?

루아
응. 시후는 정말 완벽해!

엄마
루아가 좋다면 엄마도 시후가 좋아. 🙂

루아
엄마도 나한테 정말 완벽한 엄마야! 👍

엄마
알아! 루아도 엄마한테
나무랄 데 없는 완벽한 딸이야.

루아
정말? 히히. 행복해. 😘

엄마
엄마도 행복해!
이따가 집에서 봐!

쉿! 루아의 마음 일기

할머니랑 시후랑 영화를 보러 갔다. 할머니가 팝콘도 사 주셨다. 영화에 마법사가 나왔는데, 마법사는 악당과 싸워 세상을 구했다. 갑자기 나도 마법을 배우고 싶어졌다. 영화가 너무 재미있어서 팝콘 먹는 것도 까먹었다. 오늘은 정말 완벽한 하루였다.

똑똑 고사성어

完 璧

완전한 **완**   둥근 옥 **벽**

흠이 없이 완전하다

완벽은 흠이 없는 구슬이라는 뜻이에요. 완벽한 구슬은 맑고 영롱하고 아름답겠지요? 이처럼 완벽은 트집 잡을 것 없이 훌륭하고 완전한 사람이나 그런 물건을 말해요.

86 유비무환(有備無患)

#엄마는_기상청 #나의_초록색_우산

♥ 우리 가족 ♥ 👤 4

엄마
내일은 왠지 비가 올 것 같아.

루아
그래? 일기 예보에서는 아무 말 없던데?

로운
그런데 엄마 말은 항상 맞잖아.

아빠
유비무환.
우산을 챙기자. 🙂

로운
맞아! 미리 준비하면 걱정 없지!

루아
초록색 우산은 내 거야!
오빠 가져가지 마.

로운
난 초록색 별로거든?
내 우산은 보라색이야.

엄마
저번에 보니까 초록색 우산에 구멍 났던데?

루아
헉. 😱 유비무환!
이따가 한번 펴 봐야겠다.

쉿! 루아의 마음 일기

엄마는 걸어 다니는 기상청이다. 기상청이 틀려도 엄마는 틀린 적이 없다. 오늘도 엄마 말대로 비가 왔다. 나는 내가 좋아하는 우산을 쓰고 나갔다. 초록색 바탕에 나뭇잎이 그려진 우산이다. 초록색 우산에 구멍이 났다고 해서 걱정했는데, 다행히 구멍은 없었다. 오늘 학교에서 민준이 우산이 뒤집어지는 바람에 한참 웃었다.

 똑똑 고사성어

有 備 無 患
있을 유   갖출 비   없을 무   근심 환

미리 준비가 되어 있으면 걱정할 것이 없다

비가 오는 날에는 우산이 꼭 필요하겠지요. 숙제도 잘하고 예습도 잘했다면 수업 들을 때 긴장하지도 않을 거고요. 이처럼 준비가 잘되어 있다면, 걱정할 일이 없어요. 유비무환은 이러한 태도를 가리키는 고사성어랍니다.

💬 87 새옹지마(塞翁之馬)

🔍 #시후와_나의_현재 #예전에는_몰랐지

시후 👤 2

시후

루아
놀이공원 또 가고 싶다!

 시후
응. 갑자기 생각나서 사진 찾아봤어.

루아
우리 사이 **새옹지마** 같아.

 시후
새옹지마?

루아
응. 좋았다가 나빴다가 변화가 많다는 뜻이야.
너는 내 첫사랑이고, 난 널 다시 만나서 기뻤는데…….
너는 나한테 복수하려고 했잖아.

시후
그랬지.
그땐 원수 사이였는데. 😅

루아
그런데 지금은 소중한 사이잖아. 😘

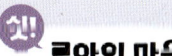 루아의 마음 일기

시후와의 소중한 추억이 하나둘 쌓여 간다. 시후가 보내 준 사신을 보니까 시간이 빠르게 흐른 것처럼 느껴졌다. 나중에 시후랑 대학교도 같이 다니고 싶다. 앞으로 우리 사이에 좋은 일이 생기면 더 좋아하고, 나쁜 일이 생겨도 잘 헤쳐 나가야지!

똑똑 고사성어

塞 翁 之 馬
변방 새 / 늙은이 옹 / 갈 지 / 말 마

인생의 좋고 나쁜 일은 변화가 많아서 예측하기 어렵다

옛날에 한 노인이 살았어요. 노인은 키우던 말이 도망가자 매우 슬퍼했는데, 말은 다른 멋진 말과 함께 다시 노인에게 돌아왔어요. 그러나 노인의 아들이 새로운 말을 타다가 다리를 다치고 말았지요. 마침 전쟁이 일어났고, 아들은 다리를 다친 덕에 전쟁터에 끌려가지 않았어요. 새옹지마는 좋은 일과 나쁜 일이 번갈아 일어나는 이 노인의 이야기에서 유래한 고사성어예요.

88 난형난제(難兄難弟)

재하
송선비, 이양반, 둘 다 잘한다!

루아
나 붓글씨에 소질 있나 봐.

쉿! 루아의 마음 일기

오늘 미술 시간에 붓글씨를 썼다. 요즘 내가 한자를 공부해서 그런가. 화선지, 먹물, 붓을 보니 반가웠다. 조선 시대 선비들은 먹으로 그림도 그렸다고 한다. 그래서 우리는 글씨도 쓰고, (선생님 몰래) 그림도 그렸다. 조선 시대 선비나 양반이 된 것 같았다.

똑똑 고사성어

難 兄 難 弟
어려울 난　형 형　어려울 난　아우 제

둘의 실력이 비슷해서 낫고 못함을 정할 수 없다

'형만 한 아우 없다'라는 속담이 있어요. 모든 일에 있어서 아우가 형만 못하다는 뜻이지요. 그런데 누가 형이고 동생인지 가를 수 없는 상황이 생길 때도 있어요. 난형난제는 둘 다 실력이 비슷하게 출중해서 우위를 정할 수 없다는 뜻의 고사성어예요.

89 조삼모사(朝三暮四)

#아침에_3개?_4개? #저녁에_3개?_4개?

로운 2

로운
요즘 봄이가 식탐이 늘었어.

루아
그러게. 살도 쪘어!

로운
너무 살 찌면 건강에 안 좋은데.
계속 달라는 대로 사료를 더 줘도 되나?

루아
그러면 아침에 더 주고 저녁엔 덜 줄까?

로운
조삼모사네. 😂
봄이가 바보야?
어차피 하루에 먹는 양은 똑같잖아.

루아
하긴. 아침에 많이 준다고,
저녁에 얌전할 리가 없지.

로운
어제도 새벽에 일어나서

밥 달라고 비닐을 씹고 있더라고.

루아
우리 봄이 식탐왕이 됐네.

쉿!! 루아의 마음 일기

봄이가 중성화 수술을 하고 식탐이 늘었다. 항상 똑같은 양의 사료를 주는데, 자꾸 더 달라고 운다. 그래서 나도 모르게 봄이에게 간식도 주고, 밥도 더 주게 되었다. 그래서일까? 봄이가 점점 옆으로 커진다. 이제부터는 봄이 다이어트를 시작해야겠다.

똑똑 고사성어

朝 三 暮 四
아침**조** 석**삼** 저물**모** 넉**사**

간사한 꾀로 남을 속이다

중국 송나라에 저공이라는 사람이 살았어요. 저공은 원숭이를 키웠는데, 아침에는 도토리 3개를 저녁에는 도토리 4개를 먹이로 주었어요. 원숭이는 도토리가 적다면서 화를 냈어요. 그러자 저공은 아침에 4개, 저녁에 3개로 바꿔 주었고, 원숭이들은 만족해했어요. 결국 하루에 먹은 도토리 양은 같은데도 말이에요.

90 계륵(鷄肋)

#내가_갖기는_싫어! #남_주는_것도_싫어!

♨ 영원한 삼총사 ♨ 👤 3

예린
저번에 내가 산 운동화 기억나? 😭

루아
발뒤꿈치가 자꾸 까져서 안 신는 운동화?

예린
맞아. 예지가 그 운동화를 달라고 하는 거야.

유진
막상 예지 주기는 싫지? 😏

예린
응! 내가 신는 것도 싫지만…….

유진
그런 걸 계륵이라고 하더라. 🙂

루아
계륵? 닭의 갈비?

유진
응. 내가 먹기는 그렇고,
버리기도 그렇고, 남 주기도 그런 거.

예린
지금 그 운동화가 딱 그래!

루아
어차피 이제 작아서 못 신을 텐데, 그냥 예지 줘.

쉿! 루아의 마음 일기

　예린이 동생 예지는 언니 물건이라먼 다 가지고 싶어 한다. 오늘은 예린이가 잘 안 신는 운동화를 달라고 한 모양이다. 결국 예린이는 운동화를 예지에게 주었다. 하지만 그 운동화를 신고 나간 예지도 발뒤꿈치가 까져서 돌아왔고, 운동화는 다시 신발장 신세가 되었다고 한다.

똑똑 고사성어

닭 **계**　　갈빗대 **륵**

그다지 큰 소용은 없으나 버리기에는 아깝다

가끔 닭고기를 먹다가 닭의 갈비를 본 적 있을 거예요. 먹기도 불편하고 그냥 버리기도 아까운 부위지요. 이처럼 물건 또는 상황이 크게 쓸모 있지는 않으나 버리기에는 아까울 때 계륵이란 말을 써요.

91 우왕좌왕(右往左往)

#긴급!_긴급! #비상벨이_울리다!

♥ 우리 가족 ♥ 4

로운
아까 아파트 비상벨 울렸어!

아빠
불 났다고? 😨

루아
나중에 잘못 울린 거라고 방송 나오긴 했어. 😂

로운
처음엔 할머니랑 루아랑 놀라서 **우왕좌왕**했어.

엄마
너도 놀랐겠다.
불이 난 게 아니라 다행이야.

루아
응! 봄이 데리고 나가야 하는데
봄이가 자꾸 도망가는 거야. 😭
그래서 나도 당황해서 **우왕좌왕**했지.

로운
휴. 소방 훈련 한 것 같아.

루아
진짜 깜짝 놀랐어. 😢

아빠
놀란 와중에 봄이 생각도 하고.
기특해. 🙂

뒷! 루아의 마음 일기

오늘 갑자기 아파트 비상벨이 울렸다. 불이 나면 울리는 벨 소리다. 나는 깜짝 놀랐다. 첫 번째로 봄이가 떠올랐다. 얼른 봄이를 데리고 대피해야 하는데 봄이가 옷장 위에 올라가서 울기만 했다. 진짜 불이 난 건 아니어서 다행이었지만, 그 순간 내 마음은 봄이 때문에 까맣게 타 버렸다.

! 똑똑 고사성어

右 往 左 往
오른쪽 우   갈 왕   왼쪽 좌   갈 왕

왔다 갔다 하며 일이나 나아가는 방향을 종잡지 못하다

우왕좌왕을 풀면 오른쪽으로 갔다가 왼쪽으로 간다는 뜻이에요. 이쪽저쪽으로 왔다 갔다 하면서 어디로도 가지 못하는 모양을 이르는 말이지요. 혼란스럽고 정신이 없는 상황에서 주로 써요.

92 여반장(如反掌)

#내일은_수행_평가 #손바닥_뒤집기

수빈 2

수빈
너 체육 수행 평가 준비 다 했어?

루아
헉. 그게 뭐였지?

수빈
농구 드리블!

루아
깜빡했다.
난 농구공도 없는데?
예린이 불러서 연습하자!

수빈
예린이 농구 잘해?

루아
응! 자유투 엄청 잘 넣어.
드리블 정도는 여반장일걸?

수빈
여반장? 여자…… 반 회장?

> 루아
> 손바닥 뒤집기처럼 쉽다는 뜻이야!

 수빈
> 우아. 😊 루아 너야말로
> 고사성어 정도는 **여반장** 같은데?

쉿! 루아의 마음 일기

나는 운동장에서 하는 수업이 좋다. 무조건 체육! 사실 달리기나 그 밖에 다른 운동을 잘하지는 못한다. 그래도 좋아는 한다! 수행 평가 연습을 하려고 예린이, 수빈이와 함께 공원에서 만났다. 드리블 연습을 하는데 '탕 탕!' 농구공 튕기는 소리가 신났다.

! 똑똑 고사성어

如 反 掌
같을 **여**　돌이킬 **반**　손바닥 **장**

손바닥을 뒤집는 것과 같아 일이 매우 쉽다

여반장은 손바닥을 뒤집는 것처럼 쉬운 일을 말해요. 비슷한 속담으로 '식은 죽 먹기', '누워서 떡 먹기'가 있답니다.

93 반포지효(反哺之孝)

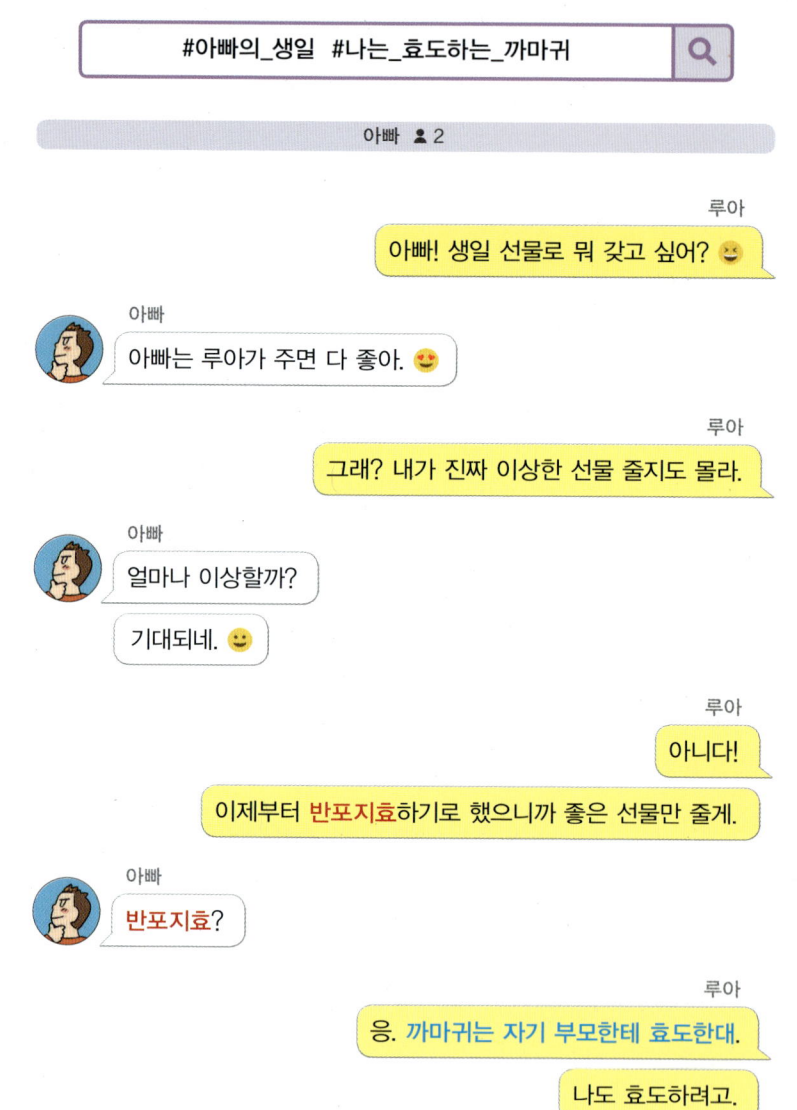

아빠

루아가 건강하고 학교 잘 다니면

그게 효도야. 🙂

루아

그래? 난 항상 효도하고 있었군. 😎

쉿! 루아의 마음 일기

아빠의 생일이 다가온다. 작년엔 양말이랑 손글씨 카드를 선물했다. 올해엔 무슨 선물을 해야 아빠가 좋아하실까? 아빠에게 줄 선물을 고민했다. 그러면서 아빠 생각도 많이 하게 됐다. 아! 회사에서 쓰라고 예쁜 컵을 사 드려야겠다.

똑똑 고사성어

反 哺 之 孝

돌이킬 **반**　　먹을 **포**　　갈 **지**　　효도 **효**

어버이 은혜를 갚는 효도

까마귀는 먹이를 물어 와 새끼를 먹이며 키워요. 새끼가 무럭무럭 자라서 날기 시작하면, 그제야 부모는 쉴 수가 있지요. 하지만 부모가 나이 들어서 먹이 구하기가 어려워지면, 반대로 새끼가 먹이를 구해 와 부모에게 준다고 해요. 까마귀처럼 지극한 효성을 반포지효라고 한답니다.

94 타산지석(他山之石)

#욕하지_않기 #센_척인_거_다_알아

시후 2

시후
너희 반 아이들도 욕 많이 해?

루아
욕? 😨

시후
텔레비전이나 인터넷에서 배운
혐오 단어 같은 거.

루아
여자나 아이들 무시하는 말?
그거 괜히 세 보이려고 쓰는 거야.

시후
그런 말 쓰는 애들 보면서
나는 절대 쓰지 말아야겠다고 생각했어.
타산지석이라는 말도 있잖아.

루아
타산지석? 다른 산의 돌?

시후

다른 사람의 행동을 보고
나의 행동을 바르게 한다는 뜻이야. 🙂

루아
역시 시후, 너는 정말 멋있어. 😍

루아의 마음 일기

우리는 가끔 욕을 한다. 친구를 무시하는 나쁜 말을 쓰기도 한다. 그게 무슨 뜻인지도 잘 모르면서 그냥 세 보이려고 그러는 거다. 시후 말대로 우리는 다른 아이의 나쁜 행동을 보고 무언가 배우기도 한다. '나는 그러지 말아야지.' 하는 교훈을 얻는 것이다. 그리고 나는 시후를 보고 배운다. '나도 시후처럼 돼야지.' 하고 말이다.

 똑똑 고사성어

他 山 之 石
다를 타   뫼 산   갈 지   돌 석

다른 사람의 흠이 되는 말이나 행동을 보고 교훈을 얻는다

타산지석은 다른 산에 있는 나쁜 돌이라도 나의 산에 있는 옥돌(좋은 돌)을 다듬는 데 도움이 된다는 뜻이에요. 눈살을 찌푸리게 하는 누군가의 행동을 보고, 나는 저러지 말아야겠다고 다짐하게 되는 경우를 말하지요.

95 수구초심(首丘初心)

#나의_살던_고향은 #그리운_고향

외할머니 2

외할머니
내일 대전에 다녀올게.

루아
왜? 이모할머니 만나러? 😨

외할머니
응. 대전이 할머니 고향이잖아.
친척들도 다 거기 살고.

루아
나도 저번에 대전 갔었는데, 좋았어!

외할머니
할머니도 고향에 가면 좋아. 😉
수구초심이야. 항상 고향이 그립거든.

루아
내 고향은 서울인데.
난 서울에 살아서 그런가 그립진 않아.

외할머니
맞아. 루아는 고향에 살고 있네.

루아
할머니, 다음에는 나도 대전 같이 가!

외할머니
응. 그럴게! 🙂

루아
조심히 잘 다녀와 😘

루아의 마음 일기

할머니의 고향은 대전이다. 거기서 중학교까지 다니다가 서울로 이사 왔다고 하셨다. 그래서 할머니는 가끔 대전에 가신다. 대전에 가면 마음이 편하고, 어릴 적 생각이 많이 난다고 하셨다. 나도 나중에 할머니 나이가 되면 고향이 그리울까?

똑똑 고사성어

首 丘 初 心
머리 **수**   언덕 **구**   처음 **초**   마음 **심**

고향을 그리워하는 마음

여우는 죽을 때 자신이 살던 굴 쪽으로 머리를 둔다고 해요. 당장 고향에 갈 수 없으니 그쪽을 바라보며 죽겠다는 의미이지요. 사람이나 동물이나 고향을 그리워하는 수구초심은 똑같답니다.

96 금시초문(今時初聞)

#나만_모르는_소식 #미술관_소풍?

민준 2

루아
우리 반 미주 전학 간다며?

민준
그래? 금시초문인데?
처음 들어.

루아
아닌가?

민준
내일 학교 가서 물어봐야겠다.
아, 그리고 우리 다음 소풍은 미술관으로 간대.

루아
금시초문이야.
그런 얘기도 있어?

민준
3반 선생님이 말해 줬나 봐.
나도 3반 친구한테 전해 들었어.

> 루아
> 미술관 좋다.
> 거기 옆에 동물원도 있잖아. 😊

> 민준
> 맞아. 😊 얼른 소풍날이 오면 좋겠다.

쉿! 투아의 마음 일기

요즘 고시성어 때문에 정신이 없다. 그래서 새로운 소식이 있어도 나만 늦게 듣는다. 언제나 금시초문. 하지만 좋은 소식은 늦게 들어도 좋다! 미술관 소풍이라니. 미술관 잔디밭에서 친구들이랑 도시락 먹을 상상만 해도 좋다.

똑똑 고사성어

今 時 初 聞
이제 **금**　　때 **시**　　처음 **초**　　들을 **문**

지금 처음 듣는다

금시초문은 어떤 소식을 지금 바로 들었다는 뜻의 고사성어예요. 보통 남들은 다 아는 이야기를 자신만 늦게 들었을 때, 아쉽거나 놀랍다는 의미로 사용하곤 해요.

97 애지중지(愛之重之)

#나의_보물_1호 #너만_보면_심장이_아파

이모 👤 2

루아

이모
어머! 봄이 많이 컸다. 😍

루아
예쁘지? 😍

이모
처음에 루아가 봄이 키운다고 했을 때, 걱정 많이 했어.
애지중지하면서 잘 키우는 거 보니 좋다.

루아
응! 내 보물 1호야. 😍

이모
아주 보기 좋아. 😊

> 루아
> 봄이를 보면 귀여워서 심장이 아파.
> 이모 봄이 보러 놀러 와!

이모

> 알았어. 다음 주에 꼭 놀러 갈게!

쉿! 루아의 마음 일기

나는 첫째 이모한테서 봄이를 입양했다. 이모는 길냥이를 돌보곤 하셨는데, 그때 고양이 뚜뚜를 입양하셨다. 뚜뚜는 배 속에 아기 고양이를 가지고 있었다. 그때 뚜뚜가 낳은 아기가 바로 봄이인 것이다. 봄이는 엄마를 닮아 예쁘다. 그래서 봄이를 분양해 준 이모와 봄이를 낳아 준 뚜뚜에게 항상 고맙다.

똑똑 고사성어

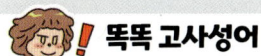

愛 사랑 애   **之** 갈 지   **重** 무거울 중   **之** 갈 지

매우 사랑하고 소중하게 여긴다

애지중지는 어떤 대상이나 물건을 몹시 사랑하고 아낀다는 뜻이에요. 보통 부모가 자식을 사랑하는 모습을 비유할 때 써요.

98 용두사미(龍頭蛇尾)

#시작은_컸으나 #끝은_그저_그런

선생님 2

선생님: 루아, 요즘 건오랑 잘 지내는 것 같던데? 🙂

루아: 네. 건오에게 고마운 일이 있었어요.

선생님: 둘이 화해했다니, 다행이네. 😊

루아: 하지만 고사성어 대결은 할 거예요!

선생님: 정말?

루아: 제가 고사성어 100개 외운다고 큰소리쳤으니까요!

선생님: 루아, 용두사미라는 고사성어 아니?

루아: 용의 머리와…… 뱀의 꼬리……? 😅

선생님

시작만 거창하고 끝마무리는 별로인 상황을 말해.

그런데 지금 루아의 행동은 그 반대인데?

루아

히히. 그럼 용두용미인가 봐요!

루아의 마음 일기

그냥 고사성어 대결은 없던 일로 할 걸 그랬나? 아니다. 이제 전처럼 건오가 싫거나 얄미운 건 아니지만, 고사성어로는 꼭 이기고 싶다. 용두사미라는 고사성어를 알고 나니 더 그런 마음이 들었다. 용의 머리로 시작했으니, 용의 꼬리도 봐야지! 대결을 코앞에 두고 뱀의 꼬리가 되고 싶진 않다.

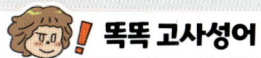 똑똑 고사성어

龍 頭 蛇 尾
용용 머리두 뱀사 꼬리미

처음보다 끝이 부진하다

용두사미는 용의 머리와 뱀의 꼬리라는 뜻이에요. 용은 환상의 동물로 임금을 상징하기도 하지요. 그런 용의 머리로 시작해 뱀의 꼬리로 끝난다면 어떨까요? 용두사미는 일의 시작에 비해 마무리가 형편없거나 미미할 때 써요.

99 풍전등화(風前燈火)

#사고뭉치_예지 #분노의_태풍_전야

♨ 영원한 삼총사 ♨ 3

루아
> 우예린! 왜 안 와?
> 우리 같이 놀기로 한 거 까먹었어?

유진
> 벌써 10분 늦음! 😫

예린
> 미안. 😭 예지가 엄마 코트에 액체 괴물 붙였어.

루아
> 헉. 얼마 전에 사셨다는 새 코트?

예린
> 응. 곧 엄마 들어올 텐데, 풍전등화다.
> 액체 괴물이 안 떨어져.

루아
> 바람 앞의 등불.
> 아니, 태풍 앞의 등불이네. 😭

유진
> 엄마 엄청 화내시겠다.

예린
오늘은 너희끼리 놀아. 😢

루아
응. 😢

이따가 연락해.

쉿! 루아의 마음 일기

예지가 엄마 코트에 액체 괴물을 붙였다고 한다. 결국 예지는 엄청 혼이 났다. 그렇지만 예린이가 억울한 건, 자신도 같이 혼났다는 거다. 잘못한 건 예지인데 왜 예린이도 혼나야 하는 걸까? 그러고 보니 내가 잘못했을 때 오빠도 같이 혼난 적이 있다. 오빠한테 조금 미안하네.

똑똑 고사성어

風 前 燈 火

바람 풍　앞 전　등잔 등　불 화

아주 위태로운 처지에 놓여 있다

풍전등화는 바람 앞의 등불이라는 뜻이에요. 바람 앞에서 금방이라도 꺼질 듯 아슬아슬하게 타오르는 등불을 상상해 보세요. 그 등불의 처지처럼 위태로운 상황에 놓였을 때 쓰는 고사성어랍니다.

100 결자해지(結者解之)

건오
오. 방금 책 찾아본 건 아니겠지?

루아
내일 보자, 송건오!
코를 납작하게 해 주마!

쉿! 루아의 마음 일기

사실 결자해지가 무슨 뜻인지 몰랐다. 같이 있던 수빈이가 알려 줬다. 갑자기 내일이 걱정되기 시작했다. 100개는 너무 많은 개수다. 새로운 고사성어를 외우면 그 전에 외웠던 고사성어를 까먹는다. 내일 망신만 안 당하면 좋겠는데…… 일단 푹 자야겠다!

똑똑 고사성어

結 者 解 之
맺을 **결**   놈 **자**   풀 **해**   갈 **지**

자기가 저지른 일은 자기가 해결해야 한다

결자해지는 매듭을 묶은 사람이 직접 풀어야 한다는 뜻의 고사성어예요. 묶은 사람이 그 매듭을 가장 잘 알 수 있을 테니까요. 일을 벌인 사람이 직접 해결해야 한다는 것이지요.

다음번엔 200개야!

*만화 속 고사성어의 빈칸을 완성해 보아요.